Money錢

Money錢

不敗教主存股心法 進階版

每年多存 300 張 股票

陳重銘　著

Money錢

目錄

Contents

目錄

Contents

第 **9** 章

台灣**50**進可攻退可守 **218**

第 **10** 章

高股息 ETF 獲利打敗大盤 **246**

Contents

我的第一本理財書《6 年存到 300 張股票》於 2015 年 4 月出版後，獲得了不少迴響，除了要感謝讀者的支持，也想要持續回饋讀者，因此我與出版社開始構思這一本書。為了讓投資人能夠安穩在股市中淘金，本書的主軸有下列 3 個要點。

要點❶ 本金安全

儘管股海是暗潮洶湧，但是台灣也不乏連續獲利幾十年的好公司。如果買進政府公家銀行的股票，或是分散在一籃子股票的 ETF，在本金安全的情況下，就可以專心提升操作股票的技巧。

要點❷ 用股利滾雪球

最近幾年的台灣股市，每年都發放 1 兆台幣左右的現金股利，這就是引領投資人通往財富自由的金鑰匙。愛

因斯坦說過：「複利的威力勝過原子彈。」不 Buy 教主
補充說：「時間是複利的最大幫手。」如果在 2012 ～
2015 年間，每個月買進 1 張合庫金（5880）的股票，
以 2016 年 6 月的股價來計算，大約獲利 6%（見本書
第 2 章）。

　　報酬率似乎比不上聽明牌、找飆股，可是明牌和飆股
就一定穩賺不賠嗎？認真存 4 年的合庫金後，2016 年
除權息可領到的股利，等於每個月幫自己加薪 6,300
元，認真存股票幫自己加薪，不是好過苦苦哀求老闆
嗎？合庫金具備獲利穩定、公家銀行不會倒閉的特性，
把每個月加薪的 6,300 元，持續買進合庫金或其他績優
股，每年加薪的金額就會逐年增加，而且越加越快，這
個就是時間複利的威力。

要點❸ 做價差的優點

　　只要靠著股利持續投資，你的股票資產就會像滾雪球般自動長大，輕鬆又愉快。只可惜，政府一連串的富人稅、可扣抵稅額減半、健保補充費，都是瞄準投資人的股利來課稅。當你的資產越來越多、領到越多的股利，要繳的稅也就越多。

　　如果不想讓政府分享你辛苦累積的成果，又不想逃漏稅，最簡單的方法就是做價差。做價差最怕買到壞股票，幸好 ETF 具有不會倒閉的特色，只要抓準時機逢低一直買，賺錢的機率就會提高。我在書中介紹了三角形買賣法，順著微笑曲線買進就可以降低持股成本，股價不漲時就專心領股利，等漲夠了就賣出賺價差。只要耐心等機會，1 年操作個幾次，一次賺個幾趴，1 年也是十幾趴（見本書第 11 章）。

我看過不少投資人，每天忙於打聽明牌、頻繁進出，最後是東邊賺、西邊賠，不僅賠上手續費與證交稅，還浪費掉多年的寶貴時間。請你切記：投資股票可以賠錢，錢再賺就有了；但是千萬不要賠時間，這世上沒有哆啦A夢的時光機。

我寫下這2本理財書，目的是推廣正確的投資觀念，只要善用時間複利，並且不斷精進自己操作股票的技巧，每個人都可以提早達到財務自由。每個人都只能活一次，財務自由是你探索大千世界、享受人生的第一個踏板。

在投資的路上，我遇見許多貴人，陳重銘老師就是開啟我不同思維的貴人，若不是他鼓勵我分享投資心得，我的第 1 本拙作不會問世。

他致力於理財教育的紮根，並提倡簡約的生活，據我所知，他目前連一套西裝都沒有，不過他完全不在意外人的眼光，你會因此以為他很吝嗇、小氣嗎？事實上，他長年捐助弱勢團體不遺餘力，讓我好生敬佩。

樂觀、奮進與努力不懈，是我所認識的陳老師，他從在當流浪教師時期，就知道唯有努力甄試取得正式資格，對家庭與個人才是保障，即使現在已經是公立學校老師，也沒有因此懈怠。

他的投資方式向來多元，很多朋友看到他的第 1 本書，以為他只有存 300 張中信金股票，其實這是一種誤解，這 300 張只是他一籃子股票的一部分，籃子裡還包含各類上市櫃及興櫃股票，以避免持股過分集中的風險，也同時買了 ETF 及避險的衍生金融商品，融合做

價差、存股及避險的投資策略，搭配他穩健的心理素質操作，這是我個人自嘆不如的。

陳老師的薪資、股利及圖書版稅等收入合計，屬於高稅率的一群，因此若只是每年呆呆領取股利，相對於他的高所得稅率而言，報酬率就會很低。

以 2016 年 6 月 17 日中華電收盤價格 112.5 元參與除權息計算，適用 5% 稅率的人，參與中華電除權息的實際報酬率為 5.68%、適用稅率 20%、45% 的報酬率則分別為 4.37%、3.02%（資料來自「淘股網」雲端運算www.taogu.com.tw），所以近年他積極尋求提升投資報酬率的操作策略。

這本書是他在股市實作且存活下來的操作手法與心得，我推薦給各位，一同來咀嚼書中的精華，跟隨他的腳步一起走進財務自由的殿堂吧！

算利教官　楊建軒

第 **1** 章

存股篇

從不Buy
邁向不敗之路

我的別號「不敗教主」指的其實是不敗（Buy，買），也就是「不敗家」的意思，我在年輕時當過 5 年低薪的流浪教師，換了 5 份工作，出社會 7 年後，才找到在學校教書這個鐵飯碗。我要養 3 個小孩，還要努力投資股票，許自己一個未來，因此只能夠努力地做一位「不敗教主」，努力開源、節流，全力累積資金投資股市。如今，工作已經穩定，投資也開始展現成果。

投資股票其實不難，藉由「不 Buy」累積資金，買進不敗的績優龍頭公司、台灣 50 ETF（0050）、高股息 ETF（0056）或大型金控等股票。長期持有好公司，用簡單的方法操作，不需要懂太深奧的財報，長期平均下來，每年賺取 10% ～ 20% 的利潤，相信每個人都可以輕鬆打敗大盤。

Ⓢ 不要想著贏 要想不能輸

電影《Kano》裡面有一句名言：「不要想著贏，要想不能輸！」剛開始看到時或許會覺得很奇怪，為什麼不是積極想要贏？而是消極想著不能輸呢？其實，「想著贏」就是要打

敗對手，除了自己之外，還會有對手的因素；但是「不能
輸」，則是不要輸給自己，完全操之在我。

　只要我們能打敗自己，讓自己「不能輸」，就是立於不敗
之地了。但是，打敗自己往往是最難的，比打敗對手都難。
股市，其實是跟自己的戰爭。

　相同的心態也可以運用在股票投資，很多投資人急著想要
贏，想要1年賺2倍、3倍、5倍，想要在30歲以前就賺進
全世界，然後開始享受人生……於是採取「積極進攻」的操
作方式，用融資融券、選擇權、期貨等信用交易，拼命放大
操作槓桿。結果往往讓自己陷於高風險中，只要國際金融市
場稍微傷風打噴嚏，你的高槓桿投資就會發生翻天覆地的大
海嘯！靜下心來想一想，如果股票這麼好賺的話，大家還用
得著辛苦上班工作嗎？

　要知道，股市表面上可能是風平浪靜、陽光普照，但是底
下往往是暗潮洶湧、礁石密佈，不知道哪一天就會掀起濤天
巨浪！越是有經驗的舵手，越是對大海心存敬畏；越是有經
驗的投資人，越不相信幸運女神會永遠站在他身邊。儘管股
票市場每年都會以財神爺的裝扮出現，發放1兆台幣左右的

股利來報答投資人，但是「10個投資股票的，有9個在賠錢」，這個傳說卻一再地廣為流傳，有許許多多的投資人，一而再、再而三地翻船滅頂。

「不要想著贏，要想不能輸！」適用大多數的投資人，只要你不會輸，也就是不敗，那麼遲早就會贏，差別頂多是大贏跟小贏。不敗的要點首先是買進具有下列特點的股票：

不會成為壁紙

公司不會倒閉、股票不會變成壁紙，是不敗的第1關鍵。只要公司倒閉的機率很低，儘管被高檔套牢，一樣可以在低點一直承接，並靠著每年的股利來降低成本。等到下一個景氣高峰到來，就可以逢高出脫。

獲利穩定

儘管公司不會倒閉，但是如果獲利大幅下降，股價依然會趴在地上，最好的例子就是宏達電（2498），幾乎不可能再回到千元股價的榮景了。只有公司的獲利穩定，才可以支撐股價，不會賺了股利卻賠了價差。

發放股利

有股利才可以發揮出滾雪球的效果，資產才會越滾越大。

例如我一開始先存中信金（2891）的股票，隔年拿中信金的股利去買進台新金（2887），後年拿中信金和台新金的股利去買進第一金（2892）；這樣下來，我的股票就會越來越多，領到的股利也會越多，又可以再買進更多的股票。

上面講的是，該挑選什麼樣的股票，但是還要注意下列的要訣，才能事半功倍：

要訣❶ 產業、資金分散 降低風險

只要是公司，就會有倒閉的可能，雖然一些大型龍頭公司倒閉的機率非常低，但是也有可能因為景氣變動而沒有賺錢，所以不要把所有資金押在一檔股票上面。在做投資分散時，又要注意產業分散和資金分散這兩件事。

將股票分散在不同產業，才可以因應不同的產業週期。如果買進的股票都是同一個產業，例如台積電（2330）、聯電（2303）、世界先進（5347）……都屬於晶圓代工產業，一旦全世界的半導體需求不振，相關公司都會受到牽連，這樣的分散就沒有意義。但是要切記，買進的股票種類不要太多，不然照顧起來也很辛苦！當然也可以買進 ETF，這種「投資一籃子公司」的股票，像是台灣 50 和高股息，就會主動幫

你做好分散。

　　此外，建議不要一次投入全部的資金，運氣不好的話，很容易套在高點。我投資股市多年，真的覺得「低點時有錢加碼、敢買進」，往往比研究一整年還有用。我曾經做過小小的研究，發現幾乎每一支股票，在 1 年之內的「最高價」常比「最低價」高上幾成、甚至幾倍。如果可以在每年的低點買進、高點賣出，報酬率會很驚人。但低點很難抓，最好保留一部分資金，在大跌時勇敢加碼，就可以提高報酬率。

要訣❷ 看本益比 低價買進

　　要如何判斷股價的高低？最簡單的指標就是本益比。最近幾年的台灣股市，因為交易量太小，導致股價嚴重偏低，因此本益比也偏低。當大股災降臨時，買進低本益比（10 倍以下）的績優龍頭股，並做好分散，是投資獲利的最佳捷徑。關於本益比，在本書後面的章節會詳細介紹。

要訣❸ 盈餘分配率要有 5 成

　　盈餘分配率簡稱配息率，假設 A 公司去年 1 股賺 2 元，今年配發 1 元的股利，盈餘分配率即為 50%（每股股利 ÷ 每股盈餘）。每股盈餘（EPS）是公司賺進的錢，不一定會全部發

放給股東，公司也有可能保留部分盈餘來擴充產能與業務，但是如果公司將所有獲利都保留下來，一旦發生掏空事件，股東就會損失慘重。

從盈餘分配率也可以看出公司的成長性，例如近幾年台積電的盈餘分配率只有 40% 多一點，表示公司需要資金來擴充產能，獲利也逐年增加。再來看看中華電（2412），盈餘分配率高達 90% 以上，獲利都分給股東了，也就沒有多少錢來擴充業務，每年的獲利成長就會很有限。我喜歡「靠股利來買進零成本股票」，因此不喜歡盈餘分配率太低的公司，對我來說，盈餘分配率介於 50% ～ 100% 比較理想。

盈餘分配率：中華電 vs 台積電

盈餘年度	中華電（2412）		台積電（2330）	
	稅後淨利（元）	盈餘分配率（%）	稅後淨利（元）	盈餘分配率（%）
2012	399	104	1,662	46.8
2013	397	88.4	1,881	41.3
2014	386	97.5	2,639	44.2
2015	428	99.4	3,066	50.8

要訣❹ 獲利了結 汰弱換強

存股並非死抱股票不放，如果公司的成長停滯，股價位於高點時還是要適時獲利了結，「錢」進其他更有潛力的股票。

⑤ 投資致勝其實很簡單

「手把青苗插滿田，低頭便見水中天，六根清淨方為道，退步原來是向前。」我還挺喜歡布袋和尚這首極具寓意的偈語，小時候看著老人家種田，手裡拿著滿把的稻苗，低頭彎腰一株一株地插，很是辛苦，但是低頭看見反射在水面的藍天白雲，心情也得以開闊舒暢，插秧時必須倒退著身子，但是秧苗也會越插越多。我覺得很適合用在存股票的心境上面。

手把青苗插滿田

投資股票就是建立自己的股票農場，所以要認真做好「開源、節流」，像插秧一樣，努力種下一張張好股票。只有不斷播種插秧，你的財富農場才能夠逐漸壯大。

低頭便見水中天

窮人要累積股票資產，是很痛苦且無聊的一件事，就是不

斷賺錢、存錢、省錢、買股票，往往累積很多年卻只有前進一點點。當你開始產生懷疑，很難再堅持下去時，不要放棄，靜下心來低頭想一想，只要持續努力存股票，你的頭頂一定會有一片藍天。切記，要先低頭插秧（耐心存股票），人生才會有另一片寬廣的天空。

六根清淨方為道

農人插秧時最怕插完後左歪右斜，得拔起來重插一遍。如果插秧時只顧著眼前幾步，很可能在不知不覺中歪斜了方向，有經驗的農夫會鎖定遠方的樹木或地標，就可以保持自己的方向。投資股票亦然，如果看得太近，容易被短線的波動影響，因為短期的大漲或大跌而迷失方向。

股市一定會有亂流，2016 年初，油價重挫、預期美元升息、沙烏地阿拉伯與伊朗對嗆、人民幣大貶、北韓核爆……意外因素不斷，全球股市一瀉千里。股市永遠不可預測，煩惱也無濟於事，還不如六根清靜，堅持自己的方向。

退步原來是向前

往後退步插秧，才可以看見前面插了多少，有沒有歪掉，而且當你往後退得越多，代表前面插的青秧也就越多。很多

投資人非常害怕股價大跌，其實只要公司的基本面沒有變壞，當股價變便宜，就是你可以用相同資金，買進更多股票的時候。所以，當股價往後退步時，其實是你的資產往前進步的好時機，要緊緊把握。

投資股票其實就如同上面的偈語，首先要努力開源節流，一支一支地存進好股票（插秧）；在心中規畫一個偉大的夢想（水中天），只要逐夢踏實，夢想一定會實現。股市總會有風風雨雨，何不六根清靜，何必自尋煩惱，當好公司的股價退步時，其實就是資產前進的大好時機，退步原來是向前。

投資股票，往往是跟自己的戰爭，也就是人性的戰爭。很多人投資失敗，其實就是輸給了自己。看著股市大漲，明明知道風險很高，可是還是禁不住誘惑，結果被套在高點；當股價因為非理性的因素重挫時，明明知道這是跳樓大拍賣的好時機，可是卻因為恐懼而不敢加碼，一再錯失改變人生的大好機會。

想要投資股票，一定要不斷鍛鍊自己的心理強度。有很多時候，不需要做太高深的研究，只要能夠在低點買進，持有一段時間後，就可以獲取很多報酬。

當然，前提是要買進好公司的股票。我在後面會介紹一些 ETF（0050、0056），以及大型金控的股票，就符合「幾乎不會倒閉」、「可以在低點安心買進」、「不漲就領股利」、「大賺一筆就退場休息」等特點，而且幾乎不需要做太高深的研究，買進後只要觀察 EPS 及領股利即可，持續將股利投入，就可以立於不敗之地！

$ 輸家和贏家的差別是持有成本

我在投資股票時，非常重視「成本」，只要我的成本比別人低，我就幾乎不會輸。在股市中，只有「輸家」跟「贏家」兩種人，差別就在於持股的成本。舉例說明一下，我的前一本著作《6 年存到 300 張股票》，講的就是我存中信金的過程，書籍出版後剛好碰上金融股的大行情，大盤指數重上睽違已久的萬點，中信金股價被推高到 24.8 元。

但是很不幸地，2015 年下半年碰上人民幣大貶、原油大跌、油元基金賣超金融股、台灣經濟成長率難保 1……等不利因素，年底收盤時股價只剩下 16.9 元。如果投資人買在 24 元

高點，經過2015年除權息（0.81現金＋0.81股票）後，成本為（24－0.81）元÷（1＋0.081）張＝21.45元，帳面上還是虧損了（21.45－16.9）÷21.45＝21.21%。

那麼我有虧損嗎？從上面的計算可以看出，除權息會降低持股的成本，我存了7年的中信金，經過7次除權息，我的成本只有10元左右，16.9元的股價對我來說還是有獲利。

同樣是16.9元的股價，但是因為每個人的「成本」不一樣，也就產生了「輸家」跟「贏家」的分別。當「輸家」不堪虧損而「停損」，便宜賣出股票之後，「贏家」反而可以利用股利來逢低加碼；可是當股市反轉，手上沒有股票的「輸家」，又急著搶進大漲的股票，「贏家」反而可以在高點出脫股票，讓「輸家」又套在高點。歷史總是不斷地在股市重演，輸家為何會輸呢？就是因為持股的成本太高，造成的原因有3個：

原因❶ 低點不敢買

股價大跌時，只會在一旁幸災樂禍，看到股價大漲才敢衝，結果成本都太高。這是人性的通病，請切記，想要在股市賺大錢，一定要違反人性，一定要「跟別人不一樣」。

原因❷ 沒有耐心抱牢股票

好公司每年配發股利時，都會降低你的持股成本，只要你長期持有 10 年，成本會低到真的想賠錢都很難。如果沒有耐心，頻繁進出做價差，就無法靠除權息來降低持股的成本。

原因❸ 跟隨專家

我想在這邊奉勸各位讀者，網路和媒體上有不少投資專家，跟隨這些專家買進股票不一定可行。原因還是在於「成本」，很多專家投資股票多年，持股的成本都很低，有些還靠股利買進零成本股票，股價大跌也不會心疼，反正就安穩領股利、耐心等反彈。

如果讀者看見專家買什麼股票，就一窩蜂跟著買進，卻沒有看見專家「花很多年降低成本」的過程，成本過高的你，買進後可能會賠錢，除非你能夠學會「降低成本」的技巧。

Ⓢ 用股利滾財富雪球

記得我童年時，鄉下小孩喜歡玩一種遊戲，就是把泥土搓成網球般大小的圓球，再互相撞擊，看誰的比較堅固。一開

始製作時都是先抓一把濕泥土，先搓成圓形，然後在上面慢慢沾上乾泥巴粉，如此就可以越滾越大。我無意間在家裡發現一種白色粉末，沾在濕泥土上做成圓球會特別堅固，所向無敵。後來被阿公發現，原來白色粉末是他種田時用的肥料，狠狠地把我打了一頓，痛得我到現在還記得。

巴菲特說，投資股票其實就是滾雪球，我們鄉下小孩滾泥巴球，重點是要有不斷的泥巴粉，才可以越滾越大。「股利」就是讓資產不斷滾大的泥巴粉，也是我們投資公司所獲得的利息。

前面說過，EPS 是公司賺進來的錢，但是不一定會完全拿來跟股東分享，原因可能是下面幾種：

① 公司需要保留一些盈餘，用來買進生產設備或擴充業務。

② 可能前一個年度有虧損，需要用錢彌補。

③ 需要用員工分紅來慰留員工，但是分紅過高則會影響股東權益，IC 設計業的員工分紅通常比較多，聯發科（2454）財務長顧大為曾經表示，公司政策就是把每年獲利的 20% 拿出來分紅。

④ 董監酬勞如果過高，也會影響股東的權益。2015 年 6 月

11 日,正新輪胎(2105)召開股東會,股東抱怨董監酬勞比例太高,總經理陳榮華表示,董監酬勞的比例已從 3% 降至 2.2%。

因此,儘管一家公司的 EPS 很高,股東也不一定可以拿到滿意的股息,要先觀察是否有上述的現象發生。要分析股利是否滿意,最佳指標就是殖利率。殖利率＝每股股利 ÷ 股價,又可分為現金股利和股票股利,兩者有何不同呢?

現金股利

> **公式** 現金殖利率＝現金股利 ÷ 股價

適合用來評估「只發放現金」股利的公司,例如中華電。中華電具有大到不能倒、獲利穩定、股利穩定、殖利率穩定等優點,而且最迷人的一點是,股價幾乎不敗。2015 年台股豬羊變色,根據媒體統計,平均每位股民慘賠 25 萬元。但是中華電股價從年初開盤的 93.3 元,上漲到年底收盤的 99.1 元,1 股賺進 5.8 元的價差,又賺進 4.86 元的現金股利,總共賺進 10.66 元,年度獲利高達 11.43%。

可見,中華電這種「民生必需」的股票,就算在景氣低迷之際,依然具有股價穩定、現金殖利率高過定存等優點,所

中華電股利與殖利率

股利發放年度	現金股利（元）	股價（元）			現金殖利率（%）		
		最高	最低	年均	最高	最低	年均
2012	5.46	101	87.5	92.2	6.24	5.41	5.92
2013	5.35	102	90	94.1	5.94	5.25	5.69
2014	4.53	96.9	89.8	93	5.04	4.67	4.87
2015	4.86	101	92.1	97.8	5.28	4.81	4.97
2016	5.49	111	97.9	104	5.61	4.95	5.28
平均	5.14	102.4	91.5	96.2	5.62	5.02	5.35

資料日期：2016/4/6

以受到許多人投資人青睞，中華電算是最適合用來探討現金殖利率的股票。

評估❶ 殖利率 5%

中華電雖然穩定，但是抱著領股利，每年的現金殖利率僅約 5%，可以打敗「定存利率＋通膨率」，但也不算太迷人。為何中華電會長期維持在 5% 左右的殖利率？因為一旦股價下跌、導致殖利率變高，大家就會用力買進股票，結果是推升股價；反之，當股價變貴、殖利率因此下降，大家又開始賣出股票，拉低股價、殖利率開始上升。

因此，中華電 5% 的現金殖利率，就是市場自動平衡的結果，也表示大多數投資人認可這個報酬率。因此，如果要選擇有穩定配發現金股利的股票，5% 就是我的基本要求。

評估❷ 統計 5 年數據

股票要當成定存股，「長期穩定」很重要。所以，殖利率不要只看最近 1、2 年的數據，我的習慣是統計最近 5 年的平均值，才可以避免見樹不見林。例如，中華電因為 4G 標金的費用過高，2014 與 2015 年發放的現金股利均不如往年，但是 2016 年又恢復往年水準。如果只看到過去 1、2 年的壞成績，就可能過度悲觀。

評估❸ 高殖利率時買進

想增加獲利就必須買在低點，可以參考歷年的「最高」殖利率，殖利率越高，表示股利越高或股價越低。2016 年中華電配發 5.49 元現金股利，但是當台股因為新政府上台、經濟成長不振、美國升息等因素重挫時，中華電前 5 年的「平均最高殖利率」為 5.62%（見上頁表），所以當股價跌到 97.7 元（5.49 元現金股利 ÷5.62% 現金殖利率）時，就是不錯的買點。

評估❹ 小資跟大戶的差別

假設一個小資族,將僅有的 100 萬元資金統統買進中華電,應該可以不用煩惱公司倒閉問題(中華電想不賺錢都很難),每年把領來約 5 萬元的現金股利持續滾入,1 年只能增加 0.5 張股票,如果很有毅力地存 40 年,100 萬元最後也只累積到 704 萬元,可以改變人生嗎?

如果是投入 1 億元資金的大戶呢?每年可以領到 500 萬元的現金,不就可以樂活人生了嗎?小資族想要翻轉人生,需要更強而有力的武器,也就是後面要講到的「股票股利」。

評估❺ 可以適當賺價差

投資股票該最重視什麼呢?應該是「本金安全」,唯有投入的本金沒有虧損,才不會賺了股利卻賠上本金,也才能一直幫你安穩地生出股利來。台語有一句俗諺「站高山看馬相踢」,意思就是事不關己、隔岸觀火,當股市大跌之際,如果你手上沒有股票,你一定會很喜歡這一句俗諺。

電信三雄中華電、台灣大(3045)、遠傳(4904),是廣受定存族喜愛的「防禦型」股票。從下頁表可以看出,股利發放非常穩定,充分展現民生必需型股票幾乎不受景氣影響

的特色。但是仔細觀察,每年股價的高低價差大約是股利的 3～6倍,就算打個對折,也有 1.5～3 倍。

　如果價差可以賺到 2 倍的股利,有必要傻傻存股票領股利嗎?將資金抽回,這樣的價差已經夠你安穩等上 2 年,站在高山上看著其他股民殺進殺出,2 年內總會有機會碰到「血流成河」的慘況,再進場收拾便宜的股票。

股票股利

　很多投資達人幾乎不考慮股票股利,他們不認同公司「印

電信三雄歷年股利、價差											單位:元
股利發放年度	中華電（2412）				台灣大（3045）				遠傳（4904）			
	現金股利	最高價	最低價	價差	現金股利	最高價	最低價	價差	現金股利	最高價	最低價	價差
2011	5.52	111	72.7	38.3	4.16	98.3	65.2	33.1	2.5	61.1	41.55	19.6
2012	5.46	101	87.5	13.5	5.16	115.5	86.3	29.2	3	76.1	53	23.1
2013	5.35	102	90	12	5.5	121.5	87.2	34.3	3.5	83	59.6	23.4
2014	4.53	96.9	89.8	7.1	5.6	104.5	85	19.5	3.75	73	57	16
2015	4.86	101	92.1	8.9	5.6	113	95	18	3.75	80.5	65	15.5
2016	5.49	111	97.9	13.1	5.6	105.5	96.4	9.1	3.75	72.5	64.5	8
平均	5.2	103.8	88.3	15.5	5.3	109.7	85.9	23.9	3.38	74.4	56.8	17.6

資料日期:2016/4/6

股票換現金」的方式，也怕公司惡意淘空。但是平心而論，公司的成長需要資金，印股票換現金就成為必要之惡；況且投資人領到股票股利後，持股的張數變多了，隔年領到的股利也會變多。

因此，如果完全忽略股票股利，也可能忽略正在成長的好公司。股票股利跟公司的成長有何關聯？以下拿玉山金（2884）當例子來說明。

評估❶ 股票股利和 EPS 的關係

配發股票股利，就是公司想要保留部分盈餘來擴充營運，因此「印股票換現金」給股東，觀察重點還是這家公司未來有沒有賺進更多的錢？因為配股會增加公司的股本，所以 EPS 至少要維持在一定水準，才表示儘管股本變大了，公司還是能多賺進等比例的錢來維持 EPS。

受到金融海嘯的影響，玉山金 2009 年的 EPS 只有 0.53 元，但是公司從 2010 年起開始穩定配發股票股利，可以看成公司想要抓住景氣最差的時機，保留部分現金來擴充營運。EPS 從 2010 年起穩定成長，就可以看出「擴充營運、賺更多錢」的效果。唯有 EPS「持平或穩定成長」，發放股票股

玉山金（2884）經營績效表

股利發放年度	股利（元）			年均股價（元）	殖利率統計（%）			盈餘年度	EPS（元）
	現金	股票	合計		現金	股票	合計		
2010	0.2	0.4	0.6	14.5	1.38	2.76	4.14	2009	0.53
2011	0.2	0.7	0.9	17.7	1.13	3.95	5.08	2010	1.04
2012	0.2	0.5	0.7	15.6	1.28	3.21	4.49	2011	0.82
2013	0.3	1	1.3	18.6	1.61	5.38	6.99	2012	1.46
2014	0.28	0.89	1.17	19.1	1.47	4.66	6.13	2013	1.53
2015	0.43	0.87	1.3	19.8	2.17	4.39	6.57	2014	1.56
2016	0.43	1	1.43	17.5	2.46	5.71	8.17	2015	1.63
平均	0.29	0.77	1.06	17.54	1.66	4.36	6.03	—	1.22

資料日期：2016/4/6

利才有意義。

評估❷ 不能以偏蓋全

從玉山金經營績效表可以看出，過去 7 年玉山金平均現金股利是 0.29 元，平均股票股利是 0.77 元，平均股價則是 17.54 元；單看現金殖利率，玉山金只有 0.29 元（平均現金股利）÷17.54 元（平均股價）＝ 1.66%，實在不迷人。因此，單以現金殖利率當標準來篩選的話，有可能會誤判好公司。如果加計股票股利，也就是把股票股利「當成現金股

利」來計算，平均殖利率則是（0.29 ＋ 0.77）÷17.54 ＝ 6.03%，算是不差。

評估❸ 填權息的優勢

股票股利最迷人的地方，還是在於填權；0.77 元的股票股利就是配發 77 股，如果填權的話，報酬率就是 77 股 ÷1000 股 ×100% ＝ 7.7%。接下來的重點是，看看最近幾年的玉山金有沒有填權？假設在 2010 年，以年均價 14.5 元買進玉山金，持續投資到 2016 年，再以年均價 17.5 元賣出，由於 17.5 元高過當初買進的 14.5 元，就表示 2010 ～ 2015 年「每年」都有填權息。

因此，玉山金每年平均 0.77 元股票股利，報酬率為 7.7%，加上 1.66% 的現金殖利率，總殖利率高達 7.7% ＋ 1.66% ＝ 9.36%，高過前面計算的 6.03%，從這裡就可以看出「填權」的威力。

評估❹ 耐心等待填權

對我來說，股票有沒有在當年填權並不重要，重要的是公司獲利有沒有持續穩定上揚；只要獲利持續成長，未來幾年股價總有機會大漲一次，可以讓前幾年的股票股利「一次填

權」。股票股利可能需要幾年時間才能夠填權，必須耐心等待。但是現金股利在領到錢之後可以馬上使用，所以現金殖利率通常只看當年。

評估❺ 要保守也要積極

對於同時配發現金跟股票股利的公司，如果只看現金殖利率，忽略股票股利，則會顯得太過保守，但若假設股票股利「都會填權」，往往又過度樂觀。保守或樂觀究竟要如何取捨？

巴菲特有一句名言：「當大家貪婪時我要恐懼，當大家恐懼時我要貪婪。」因此，當股市悽慘時（2009 年金融海嘯），我們不妨樂觀，把股票股利看成將來會填權，此時因股價下跌產生較高的殖利率，就會誘惑你買進；但是當股市熱絡時（2015 年曾上萬點），不妨保守一點，把股票股利當成現金，甚至完全忽略，這時殖利率就會顯得太低，提醒你要賣股票。投資股票沒有標準答案，應因時因地隨機應變。

用股息殖利率來判斷

想要用股息殖利率做為買賣股票的依據，首先要觀察公司是否處於成長階段，例如台積電從 2011 年起，EPS 都維持穩定成長，但是 2011 ～ 2015 年的股息殖利率僅有 3% 左右，

明顯偏低，股價卻從 70 元漲到 140 元，足以彌補過低的股息殖利率。

從上面的例子可以看出，唯有穩定成熟的公司，而且 EPS 變化不大（例如中華電），才可以用股息殖利率當作買賣的依據。如果是獲利衰退的公司，殖利率再高都不要買。

評估❶ EPS 成長

下表列出的 3 家公司，因為要保留盈餘來擴充產能，而且又不願意發放股票股利（避免股本膨脹），所以現金股利殖利率只有 3% 以下，算是非常低。這類型的公司不適合用殖利率來評估，重點在於觀察 EPS 有無逐年成長，儘管殖利率很低，卻可以賺進不少價差。

台積電、儒鴻、大立光歷年殖利率與 EPS

EPS 盈餘年度	台積電（2330）			儒鴻（1476）			大立光（3008）		
	殖利率（%）	EPS（元）	年均價（元）	殖利率（%）	EPS（元）	年均價（元）	殖利率（%）	EPS（元）	年均價（元）
2012	3.57	6.41	84.1	4.04	7.75	74.3	2.73	41.58	623
2013	2.88	7.26	104	2.19	10.91	228	1.82	71.64	932
2014	2.45	10.18	123	2.23	11.51	314	1.44	144.91	1,978
2015	3.22	11.82	140	1.85	15.99	434	1.80	180.08	2,839
2016	3.61	12.89	166	2.88	13.67	365	2.07	169.47	3,066

評估❷ EPS 穩定

諸如電信三雄（中華電、台灣大、遠傳）這種 EPS 穩定、不會大幅成長，且只配發現金股利的公司，我會以殖利率 5% 為基準，上下加減 1.5%。也就是說，當股價上漲，導致殖利率只剩下 3.5% 以下時，就算是昂貴價，要開始賣股票；當殖利率在 3.5% ～ 6.5% 時，耐心持有股票，專心領股利；但是當股價下跌，導致殖利率達到 6.5% 以上時，視為便宜價，開始買進。

評估❸ 股票股利

多了股票股利這個變數時，會要求比較高的 10% 報酬率（假設填權）。股票股利最迷人的地方在於填權，重點還是觀察公司最近幾年 EPS 是否穩定，以及往年有沒有填權息。如果獲利穩定成長，且買在低本益比，未來填權的機率就會很高。

評估❹ 景氣循環股

有一些公司的業績，會隨著景氣好壞而漲跌，這種公司一般被稱為「景氣循環股」。這類型的股票，要反過來操作，當公司賺錢、殖利率衝高（可能發配較多的股利）之際，就要賣出；反之，當公司業績不振，殖利率降低（可能發配較少的股利）之際，就可以考慮買進。買賣時，一樣可以參考

公司的歷史最高、最低殖利率。

　　買進股票，如果謹守「好公司、低價」的原則，長期投資下來的贏面真的很高。本益比與殖利率可以用來判斷是否是好公司？以及股價是否過低？我最主要的策略還是謹守「低本益比」、「做好分散」和「長期投資」這 3 大原則。當大盤重挫，個股的本益比很低時，我會優先考慮有配股的股票，期待將來填權時的大收穫。

　　當大盤在比較高的位置時，不妨保守一點，領取安穩的現金股利，所以高現金殖利率的股票為優先考量。

$ 4 年 800 萬元存股計畫

　　2015 年底，我跟一群投資朋友聚餐，Alexander 説出他的「4 年 800 萬元存股計畫」，令我印象深刻，我也深深認同他的投資規畫。「4 年 800 萬元」雖然只有短短幾個字，我卻從裡面看見 3 個投資上的精髓：

精髓❶ 長期

　　4 年是一段不算短的時間，重點在於不斷投入資金，積極

累積股票。一旦布局順利，投入的 800 萬元資金在 4 年後，可能因為複利而累積超過 1000 萬元；此後只要每年有 6% 報酬，1 年就是 60 萬元以上的股利收入，等於每個月有 5 萬元可以生活，馬上就可以退休，開始遊山玩水，從此不用每天殺進殺出，因股市漲跌而提心吊膽。

精髓❷ 時機

為什麼是從 2016 年起，開始 4 年的存股計畫呢？首先，存股計畫當然是越早越好，但是如果在大環境不好、股市不振的時候存股，可以用更少的資金買進更多的股票。

2016 年初全球股市連番重挫，嚇壞不少投資人，加上台灣新總統上任，民進黨重掌政權，未來幾年中國大陸的反應，也攸關台股漲跌。但是，當國際與國內氣氛不好之時，往往就是買進股票的最佳時機，所以抓住未來 4 年，努力存股。

精髓❸ 紀律

因為是一個長達 4 年的投資計畫，每年要投入 200 萬元，所以「紀律」最重要。首先，既然設定了 4 年，就一定要堅持到底，不能半途而廢。再來就是每年的資金管控，雖然預期未來國內外股市行情不佳，但是人畢竟不是神仙，無法真

的預測未來，萬一猜錯了怎麼辦？

「定期定額」的方式可以分散風險，只要將 200 萬元分成 12 筆資金，每個月定期定額投入 16.7 萬元，就可以用「平均」的哲學，將風險給「平均」掉。

此外，如果預測國際股市即將生變反轉，連帶影響台灣股市的表現，也可以保留部分資金來逢低加碼。例如，每個月只定期定額投入 10 萬元，保留 6.7 萬元的資金，當股市暴跌之際再來加碼，就可以持續攤平持股成本，增加獲利機會。

我認識很多厲害的投資專家，他們與一般散戶最大的不同，往往在於「視野」；也就是會用比較高、比較長遠的眼光來看待他的投資布局。一般散戶投資人，大多只是專注在幾天、幾星期的輸贏，一旦賺錢就急著「停利」，賠錢就急著「停損」，整天忙著打聽消息，忙了半天卻沒賺到錢。

至於專家，則是會避開頻繁操作的股市陷阱，透過幾年的細心經營，逐步累積資產，換取足以安逸一生的投資報酬。投資股票，不能只看眼前，一定要放眼未來。

賭運氣 不如靠本事賺錢

從股市賺錢有兩個方法，就是價差跟股利。那麼，一次賺進一大筆的價差比較好呢？還是細水長流的股利比較好？一次讓你賺進2000萬元比較好呢？還是每年安穩領100萬元比較好呢？美國作家阿比吉爾‧亞當斯（Abigail Adams）曾經追蹤多名樂透獎得主，發現他們大多在中獎的幾年後，千金散盡而且非常落魄，亞當斯最後把這些悲慘故事寫成《十大恐怖樂透》一書。

書中娓娓道出不少樂透得主的晚景淒涼，並發表「早知道就撕掉彩券」的肺腑感言，我想，最主要的癥結還是，一般人只學習「工作賺錢」跟「花錢」的技能，很多人一輩子沒學過「用錢賺錢」的知識，錢對他們來說只是用來享樂的媒介，卻不是賺錢的工具，一旦獲得暴利後，只會依照本能去拼命花錢，金山銀山很快就會被淘空。

人生如果想要過得長久，「穩穩賺」絕對比「賺多少」來得重要。要知道，靠股票價差來賺取暴利，很可能只是運氣好而已，這種經驗也無法一再複製，夜路走多了總會碰到鬼；學習理財的方法，穩穩賺股利，並靠複利來累積財富，卻是長長久久的理財之道，可以一再複製，並傳承給子孫。投資不能夠只是一、兩次的「賺多少」，而是要長長久久「穩穩賺」。

$

每 年 多 存 300 張 股 票

第2章

存股篇

1年多存
300張股票

我的上一本著作《6 年存到 300 張股票》出版後，在網路引發了不小迴響，也引起許多讀者起而效尤，一起探尋存股的樂趣。除了要感謝諸多讀者的熱烈支持外，我也開始構思，在存完 313 張中信金（2891）後，我的下一步投資計畫是什麼？

記得在 30 幾年前，我在國文課本中讀到徐志摩的一句詩：「數大便是美」，就如同天上的星星、河濱的花朵，數量越多，越是賞心悅目。在存到 313 張中信金之後，我更能體會「數大便是美」這句話，也可以應用在投資股票上面。

$ 放膽抓住機會 加快存股速度

2015 年中信金配發 0.81 元現金以及 0.81 元股票股利，我在除權息前又買進 10 張，總計 323 張可以配發 26.16 萬元現金，及 26.16 張股票；如果將 26.16 張的配股用除權息後的 18.5 元價位賣出，可以得到 48.4 萬元，因此總股利就是 74.56 萬元（26.16 萬＋ 48.4 萬），平均 1 個月可以領到 6.21 萬元，這已經超過國人的平均月薪了，而且我不用去中信金上班，這就是

擁有 323 張中信金股票,「數大便是美」的好處。

在嚐到甜頭之後,2015 年初我開始認真思考下一個「存 300 張股票」的計畫,上次是花 6 年,這一次又要花幾年?可以肯定的是不需要 6 年了,因為多了中信金的 70 幾萬元股利來幫我存,那麼是 4 年、3 年,還是 2 年?我很貪心地給自己定下 1 年的期限,這一次,我要「1 年多存 300 張股票」。

想要多存一些股票,天時、地利、人和三者搭配得好,就可以事半功倍。

❶ 天時:股價是否便宜?

想要多存一些股票,股價便宜很重要。運氣很好的是,2015 年台股除權息行情一塌糊塗,這都要感謝政府的證所稅,以及稅額扣抵減半、健保補充費等「德政」。

2015 年 4 月底,台股短暫 2 次站上萬點後,因為證所稅的紛擾,導致近幾年台股成交量不足,也就沒有足夠的動能推動台股持續上攻,加上首次實施的「稅額扣抵減半」,投資人領到股利後要繳交更多的所得稅,如果沒有填權息,等於是「賠錢還要繳稅」,因此潛藏著棄權息的賣壓;此外,健

保補充費及將來可能開徵的長照補充費，一樣瞄準投資人的股利來開刀。

如果股市行情熱絡能夠填權息，想必投資人非常樂意繳稅做公益，但是如果行情不好呢？難道「賠錢還要繳稅」嗎？加上受到大陸股市崩跌影響，2015 年 8 月台股除權息旺季時，大量的棄權息賣壓，讓指數最低跌到 7203 點，短短 4 個月崩跌 2800 點。

但是對我來說，最壞的時機反而是最好的買點，我可以持續用股利低接便宜的好股票。股市不可能一直在高點，總是會有崩跌的那一天，想要買便宜好股票，就要耐心等待「天時」。

❷ 地利：可以從哪裡搬錢？

好不容易等到股價便宜了，沒錢買進的話也是空談，在現在低利的環境下，要學會去銀行搬錢做投資。要跟銀行打交道，「低利」兩個字真的很重要。我在公立學校教書，最大的好處是，可以申請低利的信用貸款，所以瞄準那一波大跌 2800 點的時機，我申辦了 80 萬元信貸來買股票（是否要借錢投資，讀者要依照個人的狀況審慎評估）。有穩定的工作，就會有其他的資金來源，就是「地利」。

❸ 人和：**便宜時敢買嗎？**

投資股票，其實就是「人取我棄，人棄我取」的行為。股市為何會崩跌，就是大家不理性地殺出股票，於是許多好股票就達到了很「可口」的價位。投資了 20 年的股票，有時候我真的認為：「耐心等待股價的低點，比辛苦研究一整年還有用。」當大家在恐慌殺盤時，你可以在低點勇敢買入，這個就是「人和」。

$ **謹守投資原則 放大成功機率**

2015 年 7、8 月，台股開始崩盤，我覺得是老天爺在幫我，於是趕快去申辦 80 萬元信貸，而且股利也陸續發放下來；最重要的一點是，我敢在低點買股票。天時、地利、人和三者兼具，問題只剩下一個：「要買哪一些股票？」我考慮了下面的因素。

考量❶ 本金安全

買股票是「將本求利」，本金的安全最重要，不能賺到利息卻賠上本金。台灣人投資基金時，非常偏好「月配息」，

可是請仔細看看公開說明書上的一句話：「本基金之配息來源可能為本金」，意思是可能拿你付的錢（本金）來付利息，而且基金公司還要跟你收手續費、管理費、信託費……這個不可不慎。

因為我借了 80 萬元信貸，所以「本金安全」列為第一優先，我放棄容易暴漲暴跌的「潛力股」，選擇獲利穩定、倒閉風險極低的大型集團股。

考量❷ 股利報酬

如果母雞會下蛋，你很快就會有許多小雞，小雞長大後，又會生更多的小雞；同樣的，如果你的股票會一直發股利給你，只要拿股利一直買新的股票，累積持股就會越來越多。所以我選股的第二要點，就是公司要有穩定的獲利及配發股利，而且股利殖利率不能太低，至少要有 5% ～ 10%。

考量❸ 資金來源

一年要多買 300 張股票，儘管股市下挫，股價會變便宜，但這還是一筆不小的金額，錢從哪裡來？我的來源有下列 4 個途徑：

① **本業**：學校教書的薪水、到夜間部兼課賺鐘點費，努力賺

錢跟存錢，節約過日買股票。

② **業外：** 首先是股利，2014 年上市櫃公司獲利大爆發，因此 2015 年的配息就很大方，像是台積電（2330）比往年加發了 50% 股利，聯詠（3034）也配發 10 元現金，我還增加了中信金 70 幾萬元的股利，收入頗豐；而且除了教科書的版稅之外，我又多了《6 年存到 300 張股票》這本書的版稅，一樣可以拿來買股票。

③ **借貸：** 趁低利環境，申辦了 80 萬元的公教低利信貸，增加買股票的子彈。

④ **價差：** 儘管我信奉長期的價值投資，但是當機會來臨適合賺價差時，我一樣會順便賺上一筆（後面會介紹用 ETF 賺價差的方法）。以我數千萬元的股票投資金額，每年只要價差能賺 1%，那就是幾十萬元，可以增加存股的速度。

考量❹ 股價

　　如果股價太高，就無法 1 年買 300 張，所以我鎖定 20 元以下的產業龍頭股，且在股價接近淨值時買進，其中還有幾支股價低於淨值。像是第一金（2892）和元大金（2885），我買進時的股價都低於淨值，相對之下就更有保障。

$ 鎖定 4 大主角 1 年多存 300 張

最後我選定了「1 年多存 300 張股票」的 4 大主角：中信金、第一金（2892）、台新金（2887）和元大金（2885）。其實我原先的構想是，繼續把中信金存到 500 張、1000 張，可是 2015 年 2 月 6 日，復興航空在南港發生墜機意外，據說差一點就撞上中信金位於南港的總部大樓，於是我決定分散金融股的投資，增加了其他 3 家金融公司。

中信金

該公司持續在海內外進行併購，獲利也維持穩健，因此我持續長期投資，而且將股利再投入。2015 年靠著配股，我增加了 26.16 張中信金股票，至於配息的 26.16 萬元，我在 16 元時買了 16.35 張，所以中信金股票自己增加了 42.51 張。

第一金

我看上該公司的經營績效，因此跟銀行借貸 80 萬元買進，利用除權息、現增、價差等操作方式，持股達到 66.89 張。

台新金

因為在 2014 年底痛失彰銀經營權，必須認列 148 億元的投

資損失，股價持續破底。但是我認為，把虧損一次打消也算
是好事一件，公司的營運可以重頭開始，因此危機入市買進
100 張。

元大金

看好合併大眾銀之後的經營績效，而且政府取消證所稅後，
對於證券股是大利多，所以買進了 90 張。

　　就這樣，耗盡了我所有的資金，1 年就增加了 299.4 張股
票，而且上述 4 家公司都是台灣知名的大集團，每年都有
穩定的獲利，我想也很難倒閉。我買進股票，最重視的還是
「股利現金流」，或許這 4 支股票的股價持續在低點盤整，
也許我在「帳面上」可能產生虧損，但是這 4 支股票每年可
貢獻我數十萬元的股利，讓我持續買進其他好公司的股票，
一旦景氣翻揚，我還可以賺到價差。

　　讀者看到這裡，可能會產生一個疑問：為何都是金融股？
其實「存金融股」是我投資股票的第 2 塊版圖。我的第 1 塊
版圖是電子股，我買了十幾年的電子股，累積了台積電、
鴻海（2317）、華碩（2357）、聯詠、新普（6121）等股
票，每年可以貢獻百萬元股利。

2008 年金融海嘯肆虐，許多電子股的股價腰斬再腰斬，為了分散電子股的風險，我開始改存金融股，因此陸陸續續存了 313 張中信金。但是金融股占我總投資的比例很低，分散風險的效果不大，所以我買進這 4 支金融股來增加比重。

此外，2015 年的金融股仍是「物美價廉」，不少本益比只有 10 倍（甚至不到），所以被我列為首選。在布局電子、金融這兩塊版圖之後，2016 年起我會開始規畫「民生必須」這塊版圖的布局，這樣我的投資版圖就算完整了。

或許讀者又會產生疑問：「如果我賣掉一些電子股，不就可以馬上分散投資到金融和民生必須產業了嗎？」這個講法其實也很正確，但是我覺得不夠積極，因為那只是「為了分散而分散」，這樣做的結果除了會將風險分散，「獲利」一樣也會被分散。

我採取比較積極的分散方法，不賣掉電子股去買金融股，而是持續用電子股的股利養金融股，這樣我的資產就會一直增加。為何選擇金融股呢？因為 2008 年金融海嘯後，世界各國拼命印鈔票救經濟，資金寬鬆的環境對銀行和壽險公司很有利，最近幾年金融股的獲利大爆發，我也順利累積了

300 多張的中信金。在分散布局時，如果能配合產業的景氣循環，會得到更大的效果。

$ 隨景氣變化 調整投資布局

2016 年之後，我會持續拿電子股、金融股的股利，來買進「民生必須」的產業，因為不管景氣好壞、不論股市枯榮，大家一樣要吃飯、打電話、上網、看電視、Shopping……這些相關公司還是會賺錢，這些股票一樣值得投資，所以也可以分散我在電子股、金融股上面的風險。

我預計存 1000 多萬元的民生必須股，大概要花上 4 年的時間，所以在 2016 ～ 2020 年間，我會持續將我的工作收入、股利、版稅，投入民生必須的好股票。

我的股票投資哲學就是這樣，首先設定好大方向，接著就是有紀律、一步一步地完成目標。我不會好高騖遠，不會妄想一步登天；一步一步看似緩慢，但是每當我站穩一步、存好一檔股票之後，它們都會成為我存下一檔股票的助力，我的下一步就會越走越快。「設定好方向、慢慢走、穩穩走，

反而比較快。」這就是存股的哲學。

等到我存好電子、金融、民生必須這 3 大版圖的股票之後，往後只要因應不同產業的景氣做調整即可，目前我設定電子、金融、民生必須的存股比例是 4：3：3，假設某一年電子股的景氣熱絡，持股比例變成 6：2：2（股價漲跌會影響比例變動），我就會把之後幾年的全部股利，買進表現較差的金融與民生必須股，讓它們持續維持 4：3：3 的比例。

《易經》裡面有一句話：「亢龍有悔，盈不可久。」意思是說，任何事物發展到盈滿鼎盛的階段，必然會向反面轉化，不可能保持長久，白話一點的講法就是：景氣循環、物極必反。所以當電子股表現優異之際，我就要預防景氣反轉，因此不再將資金投入景氣高峰的股票，反而將資金灌注在景氣谷底的產業，等將來它們從谷底往上時，就可享受成長的果實。

$ 定存、儲蓄險、金融股 哪個保本？

我接觸過不少投資人，把「保本」當成首要觀念，畢竟錢賺得很辛苦，只能靠節衣縮食來存錢，所以台灣有很多人把

錢放銀行定存，還有更多人在買儲蓄險。

「定存」和「儲蓄險」其實就是一種零存整付的強迫儲蓄，假設每個月可以存 5,000 元，持續 3 年下來，戶頭內就會有一筆 18 萬元的資金（還有一點點利息），看了會覺得很開心。但是，強迫儲蓄只是投資理財的第 1 階段，累積了第 1 筆資金這個聚寶盆之後，第 2 個重點是聚寶盆可以幫你生出多少錢，也就是投資的效率了。

除了上述保本之外，投資人也很在乎利息收入，所以台灣有這麼多強調「月配息」的基金，當然配息也很可能「來自本金」。

很多人因為對投資理財不了解，內心又渴望「保本」和「配息」，結果定存的利息只有一點點、儲蓄險的利息沒有你想像中那麼多、月配息又有可能賺到配息、賠了本金……最後只是賺到很少的利息（定存、儲蓄險），或是可能沒賺到錢（基金），而我覺得最可惜的地方，就是把這筆錢的「時間效益」完全浪費掉了，這是最悲慘的事——你的錢會哭！

什麼是時間效益呢？來舉一個例子，假設 100 萬元的資金，為了保本而放在年利率 1.37% 的定存，10 年後只有約

113 萬元；但是如果把這筆 100 萬元，投資在報酬率 6% 的股票，則會累積到 169 萬元，放定存少了 56 萬元。少賺 56 萬元，我不會覺得可惜，錢再賺就有了，但是這 100 萬元浪費了 10 年的「時間效益」，我要怎麼去把這 10 年賺回來？

　　對我來說，「保本」就等同於「報酬低」和「浪費時間」，所以我絕對不會把錢放定存，也不會買儲蓄險。我在 2015 年 11 ～ 12 月號的《女人變有錢》雜誌，分析了定存、儲蓄險、買金融股的優缺點。

定存、儲蓄險、買金融股優缺點比較			
項目	錢放定存	買儲蓄險	買金融股
優點	安全保本，可隨時取用，只是利息會打個折扣，約8折。	強迫儲蓄，且多了風險保障功能。	對的價位買進，就算傻傻放著，每年領的股息與股票股利都遠比定存或儲蓄險高很多，如果沒有賣出，等於本金會產生「自動繁殖」的好處。
缺點	利率低，目前1年期定存利率約1.375%，如果把10萬元拿去銀行定存，1年就是領1,375元利息。	持有數年或到滿期後，才不會讓本金受損；若是為了賺利息錢，通常內部報酬率不如定存。	沒有等到對的價位買進，恐產生資本虧損，也就是會賠錢。

每種金融商品都有它的優點及吸引人的地方，所以也各自
有自己的愛好者。

我就資金的時間效益，來探討一下，為何我偏好買金融
股，而非定存與儲蓄險，首先從下表來看一下定存、儲蓄
險、買金融股的資產變化比較。

定存、儲蓄險、買金融股資產變化比較			
項目	定存	儲蓄險（以郵政6年期吉利保險為例）	金融股（以第一金為例）
每年投入金額	16萬元	16萬1,370元	約16萬元
6年後資產變化	存約100萬7,000元	領回100萬	股利持續買回，可存81張股票，總資產視當時股價而定，若股價16元，則資產為129萬元。另外，每年有約10萬元股利（現金＋股票）收入，只要不賣股，年年有股子股孫可領。
備註	以1年期定存利率1.37%計算	內部報酬率約0.92%	設定股價15～16元買進，以每年配股配息的金額來看，殖利率逾8%。

定存

　　每年投入 16 萬元資金，6 年總共投入 96 萬元，期滿後會累積到 100.7 萬元，好處是 100% 保本，可以賺到 4.7 萬元的小確幸，但是你可曾想過，經過 6 年通膨、物價變貴的摧殘下，100.7 萬元的購買力可能不如 6 年前的 96 萬元？而且 2015、2016 年央行不斷降息，定存的利息只會越來越少。

儲蓄險

　　好處是附加了 6 年保額的 100 萬元人身壽險，擁有殘廢、身故等保障，這是定存和買股票所沒有的功能。每年繳交 16 萬 1,370 元保費，6 年後只領回 100 萬元，算下來，儲蓄險的年利率其實比定存還低，如果沒有領到儲蓄險的保險金（最好不要），頂多只能算是「強迫儲蓄」的商品，報酬率很不迷人。

買金融股

　　為什麼以第一金來比較？因為這類官股銀行幾乎不可能倒閉，因此也具備「保本」的功能。

　　以 2015 年底 15 塊多的股價來計算，每年投入 16 萬元可以買進 10 張，一樣投入 96 萬元資金，累計 6 年總共買進

60張，但是別忘了，在存股的6年期間，這60張股票還會自己繁殖。利用該公司最近10年平均0.73元現金股利、0.427元股票股利來計算，且配股配息持續投入，6年後會累積到81張第一金股票，以股價16元計算，總價值為129.6萬元，獲利33.6萬元，明顯高過定存和儲蓄險。

當然投資人會煩惱股價下跌不能保本，但總計投入成本是96萬元，取得了81張第一金股票，因此股價要跌到每股11.85元以下才會虧錢。

第一金在2009年金融海嘯最嚴重時，股價最低都還有12.2元，看起來要賠錢的機率真是很低。股票最迷人的地方，就在於每年的配股配息，6年存了81張第一金，以近10年平均股利計算，之後每年可以領到5.9萬元現金，以及3.46張股票（價值5.5萬元），合起來就是11.44萬元的收入，等於每個月加薪9,539元，遠勝定存和儲蓄險。

由於通膨的肆虐，定存會讓你的錢「越存越薄」；儲蓄險的利率低，你又不想拿到身故、殘廢等壽險補助。買進好公司的股票，讓公司每年分錢給你，絕對比前面2種方法划算許多，所以我只會把錢拿來買好公司的股票。

$ 當銀行的客戶還是股東？

如果你以為把錢放銀行定存，可以安穩領利息，那就誤會大了。先來看看日本的情況，2016 年初日本銀行的利率降至歷史低點，投資人如果將 1 億日圓（約 2800 萬台幣）放進銀行定存，1 年的利息僅夠在東京吃 1 碗拉麵，真是情何以堪。日本的利率為何這樣低？就是政府在暗示老百姓，不要再把錢放銀行了，要拿出去投資。

台灣的狀況也好不到哪裡去，2015 年台灣經濟開高走低，經濟成長率陷入保 1 的窘境，於是在 2015 年 12 月 22 日，央行再度宣布降息救經濟。

截至 2015 年 10 月底，國內總存款金額達到 29 兆 6,315 億元，這一次台銀、土銀、合庫 3 大行庫，將存款利率調降 0.07%～ 0.105%，全國存款戶將至少蒸發 200 億元的存款利息。存款大戶的處境更是嚴峻，天期 9 個月以上、500 萬元以上的大額存款定存利率，一口氣調降 0.1%，只剩下 0.32%。如此算來，500 萬元定存 1 年的利息只有 1.6 萬元，1 個月只有 1,333 元。

其實 500 萬元不是一筆小錢，對於一般上班族而言，就算每個月存 1 萬元，40 年下來只能存下 480 萬元；辛苦存一輩子，放在銀行定存，1 年的利息只有 1 萬多，怎麼夠生活呢？2016 年初，央行持續降息，定存族無不放聲哀嚎。所以，我是完完全全跟定存說 No 的，低利的時代，要思考的反而是去跟銀行借錢。

　　我曾經在報紙上看到一篇讀者投書，說他一輩子兢兢業業、認真工作，從不投機取巧，又因為擔心投資風險，於是將辛苦賺來的錢都放在銀行定存，偏偏央行不斷降息，令他損失慘重，忍不住投書媒體，求央行「給他一條生路」。

　　其實，日本和歐洲相繼實施負利率，為了阻止國際熱錢湧入台灣，降息已經成為央行的「必要之惡」，如果不能體認到國際局勢已經發生變化，一再地死守定存，人生財富真的很難有轉機。

　　銀行，其實就是拿你的錢「去賺更多的錢」；壽險公司，就是拿你的保費「去賺更多的錢」。大家拼命把錢放銀行定存、買進一堆儲蓄的保險商品，大型金控公司坐擁龐大現金，其實是最懂得「用錢賺錢」的企業，你就只是傻傻當他

們的客戶，拿錢給他們去賺錢，然後收取一點點可憐的利息嗎？為何不當這些金控的股東呢？

很多人把錢放定存、買儲蓄險，最主要的原因還是「不懂投資」，儘管安穩和保本，但是你這筆錢的報酬率很低，時間效益更會每年不斷流失。與其當銀行、壽險公司的客戶，拿錢給他們賺，還不如當他們的股東，分享他們的利潤。如果不想花太多時間研究投資，就要相信優秀的公司。

2015 年底，央行連續 2 次降息，以存放款業務為主的公股行庫，由於利差減少，對於獲利的衝擊就會比較大，粗估整體銀行界的損失將超過百億元。根據統計，2015 年金融業稅前獲利高達 5614 億元，較 2014 年的 5428 億元持續成長，所以還是有能力承受百億元的利差損失。

但是因為降息等不利因素，金融股的股價已經先行下跌反映，對我而言，投資價值也相對逐漸浮現。銀行也不會坐以待斃，由於預期央行會再度降息，定存族勢必將資金抽出來進行其他投資，銀行端可以順勢增加財富管理等業務，賺取較高的手續費用，將危機化為轉機。

此外，金融業正積極前進亞洲打「亞洲盃」，可以利用台

灣低利的資金，前進東協這些利差高、融資需求大的區域，在海外賺取更可觀的利潤。所以我比較喜歡投資「走出去」的大型金控，近幾年中信金大舉在台灣、日本、大陸進行參股或併購，在海外計有 100 個分支機構，2014 年海外獲利占整體比重高達 55%。

　　2016 年 3 月 29 日中信金宣布參股泰國 LHFG 金融集團，預計投資逾新台幣 150 億元，收購 35.6% 股份，這是中信金繼併購日本東京之星銀行後，亞洲盃再度打出好成績。

$ 買進官股金控的 3 大策略

　　大型金控，特別是官股銀行，幾乎不會倒閉，如果連政府的銀行都倒閉了，就算你有 10 戶帝寶、1000 斤的黃金又有何用？逃難的時候你帶得走嗎？官股銀行具有不會倒、有賺錢、有穩定股利的特性，只要堅持下列的投資策略，一定可以賺到錢。

策略❶ 股價不漲就領股利

　　大型金控的股價通常要幾年才會漲一輪，所以不要太關心

股價，安穩領股利就遠勝定存。

策略❷ 低價時勇敢買進

要相信官股金控一定不會倒閉，當股價便宜的時候就要勇敢買進，可以快速累積持股的張數。

策略❸ 時間是最好的朋友

儘管股價不容易大漲，但是時間是複利的最大推手，只要堅持夠久，不僅可以大幅降低持股成本，而且手上也會累積可觀的股票張數。只要有耐心，股價總有一天會漲上來，可

近年官股銀行股利發放金額										單位：元
股利發放年度	兆豐金（2886）		第一金（2892）		華南金（2880）		彰銀（2801）		合庫金（5880）	
	現金	股票	現金	股票	現金	股票	現金	股票	現金	股票
2011	0.9	0.2	0.3	0.6	0.3	0.6	0.28	0.9	—	—
2012	0.85	0.15	0.4	0.6	0.5	0.5	0.2	0.7	0.5	0.5
2013	1.1	0	0.45	0.65	0.5	0.5	0.1	0.7	0.4	0.6
2014	1.11	0	0.5	0.7	0.7	0.3	0.6	0.2	0.5	0.5
2015	1.4	0	0.7	0.65	0.62	0.62	0.2	0.7	0.5	0.5
2016	1.5	0	0.95	0.45	0.63	0.62	0.35	0.6	0.3	0.7
平均	1.143	0.058	0.47	0.64	0.524	0.504	0.276	0.64	0.44	0.56

以同時賺到價差跟股利。

　　努力存金融股，可以領到足夠的「利息」嗎？偷偷透露一個國家機密好了，中華民國政府債台高築、財務困窘，應該不是新聞吧？千萬不要散布出去喔！財政部為了每年的國家預算，一定會要求官股銀行「多發一些現金股利」，這樣國庫才會有收入。

　　你看看最近幾年的官股銀行，像是兆豐金、第一金、華南金、彰銀、合庫金……不都很捨得發放現金股利嗎？或許是他們體恤小股民的荷包，但是中華民國政府缺錢，也是主要的原因之一！所以，買官股銀行的股票，不怕沒有現金股利，因為政府比你更需要現金股利。

　　從上頁表格不難看出，這些金融股的股利比定存、儲蓄險還要高，為何不存金融股呢？對於沒時間研究，或完全不想研究股票的人，我認為只要定期定額存大型金控股或是官股金控，長久下來就會賺到錢。股票相較於定存、儲蓄險，最大的風險就是「股價會下跌」，這也是一般人會對股票卻步的原因之一，買進股票後，股價下跌要如何因應呢？

　　以受到不少存股族喜愛的合庫金（5880）為例，最近幾年的股價走勢確實有下滑趨勢，那麼長期存合庫金會賠錢嗎？

合庫金（5880）歷年股價高低				單位：元
年度	最高	最低	平均	
2012	19.45	15	17.2	
2013	17.6	15.5	16.6	股價下滑
2014	18.15	15.8	16.5	
2015	16.8	12.55	15.4	
2016	14.5	12.7	13.9	

資料日期：統計至2016/4/7

　　假設投資人在 2012 年 1 月至 2015 年底，每個月買進 1 張合庫金，也就是 1 年買進 12 張。為了計算方便，簡化成在年初用當年的平均價一次買進 12 張，每年都參加該年度的除權息，並且將現金股息持續用當年的平均價繼續買進股票。

　　計算下來，4 年下來投入 78.84 萬元資金，買進 48 張股票，但是因為除權息會累積成為 58.7 張，平均每股成本為 13.43 元，而 2016 年 4 月 7 日合庫金的股價為 14.2 元，每股小賺了 0.77 元，幅度為 5.73%。

　　從帳面上看起來，長期投資 4 年，結果以小賺做收，不禁讓人懷疑存金融股的效益？但是過去 2012 ～ 2015 年的平

每年買進 12 張合庫金的投資績效表

股利發放年度	年初累積張數	現金股利(元)	配發現金(元)	股息買回張數	股票股利(元)	配股張數	平均股價(元)	買進成本(萬元)	年底累積張數
2012	12	0.5	6,000	0.35	0.5	0.60	17.2	20.64	12.95
2013	24.95	0.5	12,474	0.75	0.5	1.25	16.6	19.92	26.95
2014	38.95	0.4	15,579	0.94	0.6	2.34	16.5	19.8	42.23
2015	54.23	0.5	27,114	1.76	0.5	2.71	15.4	18.48	58.70
總買進成本	78.84 萬元								
總累積張數	58.7 張								
平均持股成本	13.43 元								

均股價是 16.43 元，如果將來漲到這個價位，報酬率反而是 22.34%；如果用 2012 年最高價的 19.45 元計算，報酬率則是 44.83%。那麼，到底哪一個報酬率才是正確的？其實這 2 個數字對我來説都是「假的」，股價只是表面的「價格」，投資股票要看見內在的「價值」。

什麼是價值呢？來舉個例子説明一下，前面 4 年存股票的過程，就像蓋房子時要先打地基，或許從地面上暫時看不見成果，一旦地基打好了，往上蓋房子的速度就會很快。儘管

存了 4 年股票的結果還是小賺，我會把它當成是打地基時，碰上颱風造成的小延誤，地基有確實打好比較重要，不會因為這個小狀況（報酬率稍低），而把整個工程停工結束（停利賣光股票），如果在打地基時因為小意外而停工，要怎樣蓋出美麗壯觀的大樓呢？

累計 4 年花了 78.84 萬元，存了 58.7 張的合庫金之後，你的搖錢樹就有了穩固的根基。2016 年合庫金要配發 0.3 元現金股利及 0.7 元的股票股利，因此除權息後的成本又降低為（13.43 － 0.3）元 ÷（1+0.07）張＝ 12.27 元，持股的成本又更低了，未來賺錢的機率也會增加。

而且在 2016 年除息時，58.7 張合庫金可以領到 17,610 元（58.7 張 ×1000 股 ×0.3 元）的現金，加上 4109 股（58.7 張 ×70 股）的股票（以每股 14.2 元賣出，價值 58,348 元），合起來 1 年的股利就是 75,958 元，平均 1 個月就是 6,330 元。如果 78.84 萬元放銀行定存，以利率 1.2% 來計算的話，1 年只有 9,461 元，每個月更只有 788 元。相較之下，股利是定存利息的 8 倍。

存股票或許比定存辛苦，更要擔心受怕、忍受股價的下

跌，但是認真存 4 年之後，利用除權息來降低成本並增加持股的張數，在你辛苦打完 4 年地基之後，每個月領到的股利都是定存利息的好幾倍，不是挺划算的嗎？

由此可見，持有金控公司股票、相信大型金控不會倒，安心領股利並忘記股價，獲得的報酬就會遠勝定存和儲蓄險。最重要的心法還是，要將金控的股票當成「資產」，會每年發放股利，把錢放進你口袋的就是「資產」。

2016 年初，全世界股市宛如洩氣的皮球一般，接連暴跌，我在 2015 年買進的 300 張金融股也遭逢虧損。但是我知道虧損只是「帳面上」，説不定幾年後股價就漲回來，何必窮操心呢？更重要的是，300 張股票每年會持續貢獻我數十萬元股利，我可以持續不斷買進資產。

股價其實只是假象，不用太去理會；真正要關心的是每年領到的股利，以及要用股利來買進哪一些資產。買進資產，創造現金流；繼續買進資產，創造更多現金流，再繼續買進更多的資產……這就是我的「不敗投資法」。

第3章

存股篇

融資、貸款、權證
該如何選擇？

投資股票多年，我一向堅持「有多少錢，買多少股票」，絕對不會隨意擴張信用，也不會採用大槓桿的方式來操作股票。存股票的過程或許漫長，但是一步一腳印，每年的股利和資產都會穩定增加；一旦操之過急，例如買進投機飆股，或是操作期貨、融資，一不小心，以往累積的成果可能就會一夕敗盡。

最近幾年，我開始使用信用貸款、理財型房貸、一般型房貸來增加投資的資金，但是最主要的目的還是，學習貸款買股票的知識，並且善用低利的環境，畢竟在最近幾年，跟銀行借錢絕對好過把錢放銀行。最重要的一點就是，我有穩定的工作收入，可以負擔得起銀行的貸款利息。

我要強調，跟銀行借錢之前，我會很仔細地評估借貸的風險，絕對不會讓自己置身於危險之中。但是我唯一不敢碰的就是融資，因為我知道「融資斷頭，血本無歸」的恐怖。

ⓢ 融資買股 斷頭不是最慘的事

首先請問你，如果你有 10 億元資金，你會怎樣投資股票？

是靠技術分析做短線，1 天漲停板就賺進 10%，也就是賺進 1 億元，但是如果跌停板，也是賠 1 億元；還是堅守價值投資，買進台積電、中華電、鴻海、台泥、國泰金、中信金……這些績優龍頭股，賺取每年約 6% 的股息？儘管 6% 看似不多，但是 1 年也會有 6000 萬元股息收入，1 個月就是 500 萬元，可以很開心地過日子。

如果是我，不會去賭每天的漲停板（或跌停板），只要買進績優龍頭股，每年安心領幾千萬股利、每天煩惱錢花不完就好了，而且上述的績優龍頭股也不可能同時倒閉。

價值投資的優點就是睡得安穩、股利領得安心，但是要慢慢累積。如果資金不夠（或是嫌賺太慢），靠融資的方式買進股票，400 萬元自有資金可以買進 1000 萬元股票，一樣是買進績優股，將來領股利的速度，不是會變成 2.5 倍？然而，融資最恐怖的地方在於「斷頭」，我在周刊上面曾經讀過一個故事，就是最血淋淋的範例。

黃媽媽曾經是股市大戶，資金最高時有 11 億元，但股海總難一帆風順，特別是她喜歡用融資買進股票。2001 年網路泡沫破滅、台股崩盤，大盤從 10393 點一路崩跌至 3411 點，

黃媽媽用融資買進的股票，數次面臨斷頭追繳令。當時口袋很深的黃媽媽一路回補，由於是超級大戶，券商特許黃媽媽只要定期繳納融資利息，就不會把股票斷頭，這樣網開一面，讓黃媽媽捱到了反彈，最後「小賠」約 2 億元出場。

只可惜她沒有記取教訓，往後一樣靠著融資買進股票，2008 年金融海嘯期間，融資追繳令一道接一道，比召回岳飛的 12 道金牌還要急促，而且當時市場上完全看不見一絲希望，連鴻海董事長郭台銘都公開說：「景氣還會再壞 3 倍。」因此券商不願意再網開一面，強迫她要補繳保證金，否則就斷頭伺候。

攤開黃媽媽當時的持股，像鴻海（2317）、矽品（2325）都算是績優、可以長期持有的好公司，至今也還健在，且有穩定獲利，但碰上百年難得一見的金融海嘯，黃媽媽的鴻海和矽品又都買在 300 元及 70 元的高點，最後股價禁不起海嘯衝擊而崩跌到 50 幾與 20 幾元，靠著融資買進股票的黃媽媽，背負著極大的追繳壓力。

如果沒有補繳保證金，所有靠融資買進的股票都會被券商斷頭賣出，當初投入的自有資金都將化為烏有。為了保住股

票，黃媽媽先是把手上積蓄全部投入，最後不惜將所有的房地產、汽車低價出售、把保單質押，全部投入「保證金追繳」這個無底洞中。

可惜「融資追繳」深不見底，券商一再要求追加保證金，只好賤價變賣所有的珠寶首飾做最後一搏，但是仍然賭輸了，她的股票被完全斷頭，當初的 10 億元資金加上追繳的保證金，全部蒸發。這就是一個靠融資買進股票，最後被斷頭到一無所有、血淋淋的最佳範例。如果當初安穩地做投資，每年領幾千萬元股利、每天睡得著覺，不是很好嗎？

奉勸喜歡用融資買股票的朋友，好好思考一下，從黃媽媽的故事，我們可以學習到下面的教訓：

教訓❶ 抱股等不到轉機

儘管金融海嘯期間，鴻海股價從 2007 年最高的 300 元，腰斬再腰斬到 2008 年最低的 52.6 元，但是 2008 年鴻海每股盈餘（EPS）仍有 7.44 元，隔年依然配發 1.1 元現金加上 1.5 元的股票股利。

對於長期投資人來說，只要公司沒有倒，一樣有股利可以領，有何影響呢？但是融資買進的投資人，不要以為公

司沒有倒就可以長期持有，在股價腰斬再腰斬的過程中，除非你的口袋深不見底，可以一直補繳保證金，不然股票一定會被斷頭賣光，連壁紙都領不到，更何況是領股利？通常，會使用融資的投資人就是現金不多，怎麼可能有錢一直補繳保證金？

教訓❷ 要知道停損

融資是用 2.5 倍的槓桿來操作，一旦碰上虧損，投資人的心理壓力會很大，往往因為想要再等一下，使得虧損不斷擴大，最後無力補繳保證金時，後悔也來不及。我個人認為，融資只適合短線操作，賺到就要跑，而且也要設定停損，例如跌 10% 就要認賠賣出。

一定要有紀律地執行「停損」，一個不小心買錯股票，2.5倍槓桿的賠錢速度，一定會讓你賠光積蓄、悔不當初。如果做不到全面停損，至少也要「斷尾求生」，直接把維持率低的股票賣掉，減輕資金和心理上的壓力。

不管是全面停損或斷尾求生，也可能碰到持股賣掉就漲的情況，這時投資人只能認命，誰叫你要使用融資，讓自己暴露在高風險之下？投資不可能穩賺不賠，使用融資

「賺得快」的另一面就是「賠得更快」。只有放棄融資，徹底排除斷頭的心理壓力，穩穩地、長長久久地賺，才可以將風險降到最低。

教訓❸ 財富化為烏有

有沒有碰過這種情況，朋友跟你借錢時低聲下氣，等到你跟他討債時，變成你跟他苦苦哀求？更可恨的是，對方明明有錢，卻一副欠錢就是大爺的模樣，到處吃香喝辣，就是不肯拿錢還你！融資如果不曉得停損，一旦陷入融資追繳的恐怖循環中，投資人往往是「心甘情願、傾盡所有」地還錢。

原因很簡單，因為害怕之前投入的資金化為烏有，所以只要券商向你追繳保證金，你一定會想盡辦法籌錢補繳，可是股價繼續往下，券商會第 2 次、第 3 次……向你追繳，如果你最後繳不出錢來，那麼你一開始投入的本金，以及第 1 次、第 2 次、第 3 次……補繳的保證金，統統都會化為烏有。在這個保證金追繳的恐怖循環下，投資人一定會傾盡全力、到處籌錢來繳交，直到榨乾最後一毛錢、無錢補繳，被券商狠狠斷頭之後才會結束。

還有更慘的下場，融資斷頭、血本無歸，是假設你被斷頭的

股票可以賣得掉，而且賣掉的錢足夠還給券商。萬一碰上無量崩跌的情況，一天沒有幾張的交易量，想要斷頭也賣不掉，等到你賣掉了又不夠賠券商，那麼不僅你當初投入的本金、補繳的保證金全部化為烏有，你還會欠券商一筆債！

融資與貸款的不同

融資就是跟券商借錢買股票，並使用買進的股票當作抵押品，但是股價會上下波動，一旦遇上股價大跌，你拿去充當擔保品的股票價值就會降低，券商會跟你要求保證金，繳不出保證金，則直接將你的股票賣出去（即斷頭）。

相較之下，銀行貸款通常是用房子等不動產當作擔保品，房價不會像股票一般暴跌，只要依規定繳息，銀行不會要求補繳保證金，更不會主動去拍賣你的房產。由於融資是用股票充當擔保品，利率比較高，而且股價有可能在短期間暴跌，使用融資的投資人最好先準備好一筆保證金。

Ⓢ 遠離融資 穩穩賺比較快

既然融資追繳、斷頭這麼恐怖，我們就有必要來了解一下什麼是「用融資買股票」。

假設投資人想要買進 1 張股價 100 元的中華電（2412），需要 10 萬元的資金，可是身上卻只有幾萬元的現金，不夠的部分就可以跟券商借錢來買進，然後把那張股票做為「抵押品」。通常買賣台股一段時間，而且信用良好，券商就會開放信用交易給投資人，也就是所謂的融資。

① **融資 6 成**：1 張 10 萬元的股票，券商可以借你 6 成也就是 6 萬元，因此你只要自備 4 萬元，就可以買進 1 張 10 萬元的股票。

② **槓桿 2.5 倍**：用 4 萬元買進 10 萬元的股票，槓桿就是 10÷4 ＝ 2.5 倍，如果買進後股價上漲，就可以享受 2.5 倍的獲利。來說明一下，假設中華電從 100 元上漲到 110 元，一張股票賺進 1 萬元，也就是獲利 10%；但是你付出的自有資金只有 4 萬元，等於獲利 25%（1 萬 ÷4 萬），也就是股價上漲的 2.5 倍。

③ **融資利率**：每家券商的利率不盡相同，大約是 6% 左右，跟券商借的 6 萬元需要繳交融資利息。

④ **不適合長期投資**：目前的融資期限為 1.5 年，到期之後必須償還融資金額與利息，不適合買進股票做長期投資，而且 6% 的融資利率其實不低，以中華電最近幾年約 5% 的股息殖利率來看，融資買進後股價如果沒有上漲，領到的股利還不夠繳融資的利息。

⑤ **危機入市**：當國際動盪、股市大崩盤，績優公司股價暴跌的時候，此時股息殖利率就會超過融資利率，使用融資買進股票的風險也會降低，而且當股市風暴結束、股價往上走，還可以享受 2.5 倍槓桿的獲利。要切記，融資是一把雙面刃，使用不慎就會傷害自己，一定要耐心等到最好的時機再出手，不要經常使用，而且要預留保證金，並做好停損的計畫。

前面說明了融資的基本觀念，接著要來解釋一下「融資維持率」、「融資追繳」、「斷頭」這 3 個最重要的觀念。

首先來舉一個例子，假設你的朋友跟你借 100 萬元，你希望他給你的擔保品，是價值 130 萬元、100 萬元、還是 70 萬元？當然是越高越好。如果他拿現值 160 萬元的黃金做抵

押，這時候的融資維持率為 160%（160 萬 ÷100 萬），也就是用「抵押品」跟你「借錢」的比例，一定要大於 100%。

如果金價大跌，黃金只剩下 130 萬元的價值，你會不會煩惱，要是金價一直跌，將來不值 100 萬元要怎麼辦？會不會趕快聯絡朋友，要他拿更多的黃金過來抵押，或是先還你幾十萬元，讓你安心呢？萬一朋友拿不出更多的黃金來抵押，也沒有錢先還你幾十萬元，當金價跌到剩 100 萬元的價值時，你要不要趕快把黃金賣掉，把本金收回呢？

股票的融資就跟上面所舉的例子差不多，只是抵押品變成股票而已。

融資維持率

如果自有資金 4 萬元，跟券商融資 6 萬元，買進 10 萬元的中華電股票，然後將股票抵押給券商，這時候的融資維持率 = 10 萬 ÷6 萬 = 166.7%。

融資維持率 130%

剛買進股票時融資維持率是 166.7%，萬一股價下挫，維持率也是會往下掉。假設中華電股價跌到 78 元，1 張只剩下 7.8 萬元的價值，此時的融資維持率為 7.8 萬 ÷6 萬 =

130%。

目前融資的「追繳」維持率就是 130%，其中 100%（6 萬元）是券商借給你的錢，多出來的 30%（1.8 萬元）算是給券商的額外保障。一旦股價下跌 22%（中華電由 100 元跌到 78 元），就會碰觸到 130% 的維持率，目前台股的漲跌幅是 10%，2 根跌停板之後，警報就會開始響起。

補繳保證金

假設中華電繼續跌到 72 元，1 張股票只剩下 7.2 萬元的價值，此時維持率變成 7.2 萬 ÷6 萬＝ 120%，低於 130% 的門檻，就會被券商通知補繳保證金，也就是收到俗稱的「融資追繳令」。

這個時候至少要補繳 7.8 萬－ 7.2 萬＝ 0.6 萬元的保證金，將維持率提升到 130%，不過繳了錢後，追繳令不會取消，只是你不用再繳下一筆保證金。但是會每日追蹤，只要某日跌破 130% 的維持率，當天 15:30 前一樣要補繳保證金到 130%，當然如果你有足夠的錢，在收到融資追繳令時，直接將維持率補繳到 160% 以上，就可以撤銷追繳令。

融資斷頭

從上面的例子不難看出，只要股價持續重挫，融資戶就會被

不斷地追繳保證金，萬一繳不出錢怎麼辦？券商會直接將你的股票賣光，就是所謂的「斷頭」。斷頭有多慘呢？如果券商在72元幫你賣出中華電，可以取回7.2萬元，在清償6萬元融資費用後，你只能夠拿回1.2萬元；可是你一開始的自有資金是4萬元，等於賠掉2.8萬元，虧損率高達70%（尚未計算手續費、稅費、融資利息）。

還有更慘的，萬一中華電持續無量下跌，券商無法在72元賣出股票，最後賣出的價錢是50元，等於你只能拿回5萬元；可是你一開始跟券商是借6萬元，結果你還倒欠券商1萬元，而且你的4萬元也已經從人間蒸發。

融資是破產的開始

融資最怕碰上意外動亂，你可以預測921大地震、伊拉克入侵科威特、911恐怖攻擊、全球金融大海嘯等事件的發生嗎？在極度悲觀的氣氛下，券商為了拿回資金，會不顧價位地拼命斷頭股票，股價就會因賣壓一直往下殺低，讓悲觀的氣氛蔓延，導致所有的券商陷入恐慌賣股的惡性循環，在一重重斷頭賣壓下，不難理解，連鴻海這種績優龍頭股，可以從300元的價位一路殺到50元出頭，融資戶能夠不被追繳令「萬箭

穿心」嗎？

　最悲慘的結果就是：你融資的股票都被斷頭賣光、一開始投入的 4 成資金化為烏有、後面第 1 次、第 2 次……補繳的保證金全部蒸發，然後，你還欠券商一屁股債。如果你還有房子和車子，券商會幫你拍賣還債；如果沒有其他資產，可以直接宣告破產，尋求債務協商了。

　最後一點說明了我為何從不使用融資買股票，很多融資戶在 1996 年台海飛彈危機、2000 年網路泡沫、2003 年 SARS 來襲、2008 年金融海嘯期間，因為「融資斷頭」賠光了一輩子辛苦累積的資產，往後這些國際動盪、金融風暴……還是會無預警、一而再到來，就算你之前用融資買股票一路順暢，但是只要碰上一次大風暴，跌倒一次就可能前功盡棄、負債累累，終身遺憾。

　等到你將來清償債務，重新站起，又是很多年以後的事了。投資股票急不來，所以我比較喜歡「先求有，再求好」的投資哲學，穩穩賺反而比較快。

$ 跟銀行做朋友 靈活運用貸款資金

想靠投資賺錢，但是多數上班族薪水支付完生活開銷後，往往所剩無幾；就算每個月縮衣節食，努力存幾千元來存零股，通往「財務自由」的道路，遙遠地彷彿看不到盡頭。就算你投資的信心堅定不移，但是幾年下來，只能存到幾張股票，通往財務自由的道路，依然遙遠。殘酷的事實總是不斷地打擊著信心，這應該是所有上班族、小資族的共同心聲吧？這也是我年輕時心裡揮之不去的陰霾。

記得國中讀地理時，書中提到洞庭湖有調節長江水位的功能，當上游持續下雨導致河水暴漲時，洞庭湖可以容納較多的水量，因而降低下游的水患；相反的，當乾旱不雨時，洞庭湖也可以排放之前積蓄的水量，讓下游免於缺水之苦。既然洞庭湖可以調節水量，那麼我只要找到我自己的洞庭湖，就可以調節資金不足的困境，「銀行」就是我的洞庭湖。

跟銀行借錢，固然可以抒解資金不足的窘境，但是也會增加負債、利息支出或其他風險。所以我要先在這裡強調，借錢絕對不能夠超出自己可以負擔的程度，而且請先找一個穩定的好

工作，可以準時繳交銀行貸款，投資及日常生活才可以無後顧之憂。

個人信用貸款

2001 年起我開始在公立學校教書，捧著安穩的鐵飯碗之後，我開始打主意從銀行搬錢。公教人員因為收入穩定，而且被開除的風險極低，所以是銀行眼中的好客戶，因此銀行也願意提供較好的優惠，像是貸款額度高、免保證人、免抵押品……其中我最喜歡的是「利率低」。

公教人員因為人數眾多且收入穩定，往往成為銀行放款時的優先對象，公教人員也善用這個優勢，讓眾家銀行競標來承辦公教人員的貸款業務。承辦的銀行不見得每年是同一家，我都是向學校人事室查詢。我進入公立學校之後，馬上善用公教人員信用貸款的優點。

優點❶ 免保證人

目前是 80 萬元以下的信貸，不需要保證人。我覺得最窩心的就是這一條，不用去求媽媽或太太來當保證人，不用讓別人知道我在幹什麼大事業。

如果用媽媽或太太當保證人，一旦股市大跌，每天「關切的

眼神」，恐怕比股價下跌還要難受。如果有保證人，可以借到 200 萬元額度，但是我為了圖清靜，不想被關切的眼神打亂投資心情，所以我一貫只借 80 萬元。對我來說，賺錢固然重要，但是心情的平靜更重要，壞心情往往會做出壞決策。

優點❷ 利率低

我前前後後借過 3 次公教低利信貸，還清了就繼續借新的，2015 年 7 月又剛向土地銀行申請新的個人信貸，當時貸款利率是 1.88%，這個利率是機動的，依中華郵政 2 年期定期儲金機動利率加上 0.505% 計算。同樣是土銀承辦的一般私人企業的貸款，利率是 3% ～ 6%。公教人員的利率一定比較低，所以我會「善加利用」，可以少奮鬥很多年。

優點❸ 強迫儲蓄

借款 80 萬元、利率 1.88%、分 7 年繳款，1 個月只要還款 10,172 元，我把還款當作「每月強迫儲蓄」，我馬上有一筆 80 萬元資金可以投資績優股票。等到 7 年「強迫儲蓄」期滿，這筆 80 萬元的投資可能已經翻倍了！不善用低利借款，就算每年存 20 萬元，也要 4 年後才能存到 80 萬元來投資。

投資想要有成果，「時間」真的很重要，我寧願賠一些利息

錢，就是不願意「賠時間」。投資就像種樹，越早種樹，越早可以乘涼。

優點❹ 隨時還清

在還款的 7 年中，總會碰上 1、2 次股市大漲，假設 80 萬元的投資漲到了 120 萬元，我會賣掉 80 萬元的股票去還清貸款，這樣算下來，我還是多了 40 萬元的「零成本」股票。

優點❺ 機動調節

賺夠了，我就會去還清貸款，不會呆呆一直繳貸款利息，不是捨不得那一點點的利息錢，而是要給自己「下一個貸款的空間」，一旦將來股市大跌，我馬上可以再去向銀行搬 80 萬元出來，逢低加碼。

想要利用信用貸款來投資，「低利」真的很重要，我知道不是每個投資人都是公教人員，可以享受低利信貸。非公教人員的信貸，銀行通常會在前半年給予低利優惠，後面就會逐漸將利率調高，這點要特別注意。對我來說，只要利率高過 3%，我就完全沒有興趣了，為什麼呢？中華電的股息殖利率是 5%，扣掉 3% 的貸款利率，剩下的獲利少得可憐，而且還要承擔股市的風險，還不如不要做。

「利率高」一定是信貸的宿命，因為銀行只有拿你的「信用」來當抵押，必須多收一點利息才會安心。如果不是公教人士，又想要付低一點的貸款利率，就需要提供抵押品給銀行，最常見的就是房貸。

理財型房貸

對很多人來說，銀行是存錢的地方，但是對於進階的投資人來說，銀行卻是借錢的地方。大約在 2005 年，我開始接觸「理財型房貸」，因為當時我的股票交割是在世華銀行，銀行

[認識理財型房貸]

簡單來說，就是把已經還掉的房貸本金，再借出來使用。假設你原本的房貸金額是1000萬元，還了300萬元後向銀行申請理財型房貸，那麼這300萬元就是你可以再「借」出來的金額，用存摺到銀行或透過ATM就可以直接提領，以提領的金額按日計算利息，也就是說，假設申請後一直未動用到這筆資金，就沒有利息的問題。

業務員跟我推薦這類貸款之後，我決定申辦看看，原因有二：學習向銀行借錢買股票和增加投資金額。於是我拿自住的老公寓，申辦了 300 萬元額度的理財型房貸。我相信大家對這個商品不是很熟悉，來看看它的特色在哪裡。

特色❶ 自動轉帳

我把房貸帳戶和股票交易帳戶結合在一起，並設定活存「自動轉帳」功能。房貸的錢可以直接用來股票交割，買進股票時會自動墊款，賣出股票時會立即償還先前的借款，不浪費任何利息支出，方便又快速。

特色❷ 貸款彈性

貸款 300 萬元後，銀行並沒有直接撥款 300 萬元給我，而是給我一個 300 萬元的「額度」。我可以用提款卡或到銀行取款，但總金額不能超過我申辦的 300 萬元，就是因為有這個彈性，很適合做為買賣股票的資金周轉。

特色❸ 資金周轉

買賣股票久了，多少會發生「算錯金額」的情況，我就有幾次要到處籌錢的經驗，所以我去辦了理財型房貸，而且跟股票交割同一個帳戶，好處在哪裡呢？假設我欠缺 10 萬元來交割

股票，銀行會自動提用 10 萬元的理財型房貸（因為同一個帳戶），然後存摺裡面的存款餘額就會是 –10 萬元，沒有錯，會加一個負號。如果下次我欠缺 100 萬元，銀行也會自動提撥 100 萬元，「資金周轉」是最吸引我的地方，等於我隨時有一筆 300 萬元資金可以逢低加碼。

特色❹ 有動用再付利息

一旦存摺內的餘額是負數，表示我有向銀行借錢，所以要繳交房貸利息；等到我賣出股票拿回資金，存摺內的金額會變成「正數」，代表這時候我沒有欠銀行貸款，換成銀行付我活期存款的利息。

理財型房貸是以借多少錢、多少天來計息，有動用到才要付利息，例如借了 50 萬元，時間是 10 天，就是以 50 萬元借 10 天來計算，而非用全部的 300 萬元計算利息，這是與一般型房貸的不同之處。

特色❺ 利息較高

理財型房貸的利息會高過一般型房貸，目前大概在 3% 左右，如果只是短時間周轉，或是趁大跌時動用貸款來買進股票，賺到錢之後馬上還清，因為借款的時間短，所以總繳的利

息不會太多，其實還是划算。但是如果是長時間使用，例如我動用全部 300 萬元的額度，買進股票後被套牢好幾年，一直繳貸款利息就不划算了，還不如轉換到利率較低的一般型房貸。

一般型房貸

我當初申辦理財型房貸，最主要的目的是短期資金周轉，趁股市大跌時可以逢低加碼，賺取價差後快速出場。但是沒幾年後就碰上金融海嘯，借貸的資金反而遭到套牢，而且當時跌勢深不見底，不曉得要被套牢多久，這樣一來，繳交比較高的利率就顯得極不划算。

金融海嘯期間，投資人因為恐慌而採取「現金為王」的手段，紛紛賣出股票把錢存銀行，導致銀行錢滿為患，由於銀行必須給存款戶利息，因此存款太多，銀行也會有壓力。

可是當時投資的氣氛悲觀到了極點，銀行不敢拿錢去投資，也不敢隨便把錢借貸出去，唯一放心的還是捧著鐵飯碗的公務員。當時我在學校，每天都有許多銀行業務員到學校拜託我們借款。對一般人來說，股市這麼低迷，銀行還要拜託他們借錢去投資，不是在「害他們」嗎？

可是我卻看見機會，跟學校人事室打聽到，當時承辦公教

低利房貸的是彰化銀行，馬上承辦 500 萬元房貸，利率只 1.64%，拿來償還利息 3% 多的理財型房貸，剩下的持續逢低買進股票。一般型房貸的好處是利率低，而且還款年限長達 20 年，只要用來買進股利殖利率 5% 以上的股票，長期投資下來還是會賺到不少錢。

我本來可以慢慢還貸款，最近 2 年趁股市上漲，我加快還款速度，也已經快還清了！對我來説，房貸就跟調節長江水位的洞庭湖一樣，趁股市低迷時利用房貸買進便宜的股票，趁股市回溫之後賣掉高價股票還清貸款，當下一波股市風暴時降臨時，我又可以再到銀行搬錢，逢低買進便宜的股票。

$ 權證以小搏大 賠掉翻轉財富的機會

前面介紹的兩種銀行貸款，信貸利率高、金額不多，房貸則是要用房子當擔保品，不是每個人都可以申辦。那麼，最近廣告中很火紅，不少券商極力推廣、「以小博大」的權證又如何呢？

「1 張權證只要幾千元，看多買認購、看空買認售，損失

有限，但是獲利無限，小資族也可以翻轉人生……」這句廣告詞我都已經會背了，重點在於小資族、小小本錢、損失有限、獲利無限。

來看看下面這個例子，假設小華和小明每個月都可以存5,000元拿來投資，小華採取定期定額的方式，每個月有紀律地買進績優股，小明則想著「損失有限、獲利無限」，每個月將5,000元的資金統統買了權證，請問在20年之後，誰的理財成功機率會比較高呢？

小資族每個月只有幾千元資金可以拿來投資，如果一直買進「損失有限」的權證，雖然每個月賠光了，也不會太心疼，但是一直都把小錢賠光的話，將來有何能力翻轉未來呢？還不如穩穩地存進績優股，靠股利、時間來累積財富。同樣的，我對期貨的看法也差不多，期貨還有保證金追繳的大變數。

我不否認，有些高手可以從期貨、選擇權、融資上面賺到錢，但如果你是小資族，手上僅有少少的資金，請你還是要仔細評估一下，該每個月定期定額買進績優股票來「存資產」，還是靠融資、選擇權、期貨等方式來「賭運氣」呢？

對我來說，我還是會努力一步一腳印存資產，但是我會去學習用期貨來避險，而且當我喜歡上「本夢比」的股票時，也會買進「損失有限」的選擇權來作夢一下。

　　每種金融商品都有它的功用，但是「存好股票」絕對要擺在第 1 順位，有了會持續幫你生出股利的資產，投資的旅程才會持續往前。

$

每 年 多 存 300 張 股 票

第4章

存股篇

打造「房租基金」
投資組合

很多年輕人會問：「我需要買房子嗎」？年輕人都想成家立業，要成家就要先有一個可以遮風避雨、培養感情的家，租來的房子，不僅要看房東臉色，可能還要東搬西遷，像是無根的浮萍，擁有自己的房子，家庭才算有了根。

但是，買房子畢竟需要一筆很大的資金，儘管現在的低利環境可以減低買房的困難度，但是 20 年不間斷的房貸繳款壓力，如同一條看不見的繩子，緊緊束縛著你的人生，讓你無法展翅、更無法高飛。人生，能夠有多少個 20 年？

Ⓢ 窮人的負債＝富人的資產

窮人為什麼變更窮？麻省理工學院的經濟學博士曾經做過一番研究，結果很驚人，原因居然是「買房子」。在一般人的印象中，房子不就是財產嗎？有需要的時候可以用來跟銀行借錢，也可以賣出獲利啊！那麼為何買房子會讓人越來越窮呢？我想要點出一個關鍵點：「房子很貴，不是每個人都負擔得起。」明明買不起，卻又硬要擁有，當然會讓人越來越窮。

拿一個簡單的例子來說明一下，台灣的法拉利（Ferrari）新

車售價都超過 1 千萬元，絕對不是一般百姓負擔得起，如果窮人一定要買一輛來拉風一下，不但要負擔上數百萬元的汽車貸款，養車又是一筆極大的開銷，新車一落地後馬上貶值，持有法拉利期間，車貸利息、養車費用、折舊不斷地蠟燭三頭燒，口袋中的鈔票一直被燒光，窮人當然會越來越窮。

窮人買房子的情況其實跟買超跑差不多，房貸利息會不斷掏空窮人的口袋。窮人為何會越來越窮？富人為何會越來越有錢？我們先來看一下「現金流」。

窮人買進負債

每個月辛苦結餘的錢，拿來貸款買房子，雖然有一間屬於自己的房子，但是房貸利息卻不斷掏空自己口袋，從這裡可以看

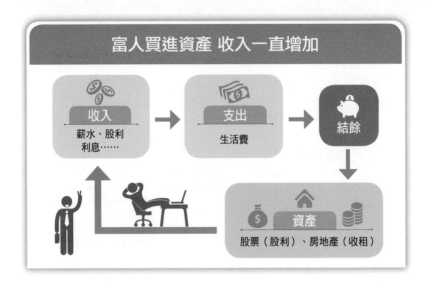

富人買進資產 收入一直增加

收入
薪水、股利
利息……

支出
生活費

結餘

資產
股票（股利）、房地產（收租）

出，自住且有貸款的房子，嚴格說起來是「負債」，因為會增加每個月的「支出」。窮人喜歡買進自以為是資產的負債（例如房子、車子、信用卡循環利息……），導致支出不斷增加，結果就是讓自己越來越窮。

富人買進資產

富人通常會避免買進負債，而是「錢進資產」，努力增加自己的收入，一旦收入增加，可以持續買進更多資產，收入也會持續增加。

窮人的負債＝富人的資產

窮人靠房貸買房（負債），繳交房貸利息給銀行（支出）；富人買進銀行的股票（資產），得到銀行發放的股利（收

入）。窮人的支出變成了富人的收入，當然是「貧者越貧、富者越富」。窮人想要翻轉未來，首先要停止買進負債。

換一個有錢人的腦袋

窮人之所以會窮，我覺得最主要還是在於「觀念」。一般上班族獲得加薪，或拿到獎金之後，最先想到的還是買進「負債」，例如吃大餐慶祝一下、每天 2 杯咖啡犒賞自己、換一支最新的手機、換一輛好一點的車子、換一間大一點的房子⋯⋯儘管加薪後收入增加了，但是支出也不斷增加。

究竟是買房好？還是租屋佳？年輕人往往無所適從，專家們也各彈各的調，10 個專家有 11 種講法。所以，還是回歸到數字的本質，數字自己會告訴我們最佳答案。

台北市的房子貴死人，這不是新聞，但是因為房屋供給多，房租不見得負擔不起。拿我現在居住的台北市北投區做例子，30 坪的老公寓，距離捷運站走路 5～10 分鐘，1 個月的租金約 2 萬元。

如果用 1 坪 40 萬元估算，房價是 1200 萬元，1 年 12 個

月可收取 24 萬元租金，租金報酬率＝租金 ÷ 房價＝ 2%。買屋需要 3 成自備款，也就是 360 萬元，如果用 2016 年 1 月 28 日中信金（2891）股價 14.6 元來計算，360 萬元可買進 246.6 張中信金股票，這些股票有何用處？如果在過去 5 年，每年都有 246.6 張的中信金，來看看可以領到多少股利。

股利超過房租

中信金習慣同時配發現金跟股票股利，當該年度的現金股利不足以支付每年 24 萬元的房租時，可以將配發的股票賣掉（假設 1 股 14.6 元）。從下表可以看出，每年領到的股利總值（現金＋股票），大多可以超越 1 年 24 萬元的租金。

246.6 張中信金近 5 年股息、股利						
股利發放年度	現金股利（元）	獲得現金（萬）	股票股利（元）	獲得股票（張）	股票價值（萬）	當年度股利總值（萬）
2011	0.73	18	0.72	17.76	25.92	43.92
2012	0.4	9.86	0.88	21.7	31.68	41.55
2013	0.71	17.51	0.7	17.26	25.2	42.71
2014	0.38	9.37	0.37	9.12	13.32	22.69
2015	0.81	19.97	0.81	19.97	29.16	49.14
合計	3.03	74.72	3.48	85.82	125.29	200.01

説明：股票價值以股價14.6元計算。

股利不穩定

對於投資股票，一般人最大的心理障礙就是「股利不穩定」，從表格資料可以看出，就算是股利最少的 2014 年度，也幾乎足夠用來繳房租。其實，用 1200 萬元買房再出租，租金報酬率僅 2%，以上市櫃公司的股票來說，只要公司有穩定的獲利，要拿到每年 6% 的股息殖利率並不是難事。

上面僅統計 2011～2015 年，這 5 年期間中信金就配發了 200 萬元的股利，足夠繳交 8 年又 4 個月的房租。因此，就算有 1、2 年股利不穩定，好公司的股票長期投資下來，領到的股利一樣夠你繳房租。

不用辛苦 20 年

買房子需要 1200 萬元的資金，假設一對夫妻月薪合計 10 萬元，1 個月存 5 萬元、1 年總共存 60 萬元，也要 20 年才買得起一間 30 坪的老公寓。但是買 360 萬元的中信金，只要存 6 年，足足減少了 14 年，從此以後都可以靠股利來幫你付房租，而且每個月一樣可以存下 5 萬元進行投資理財、或是家族旅遊、幫小孩存教育基金……後面的 14 年不必被房貸綁死，你的人生將有更寬廣的選擇。

挑一支好股票

如果你不放心中信金,那麼中華電(2412)應該很放心了吧!哪一個人家裡沒有使用中華電信的電話和網路呢?中華電長年以來的股利殖利率維持在 5% 上下,前述案例的每年房租是 24 萬元,因此只需要拿出 480 萬元買進中華電的股票,每年中華電就會付給你 480 萬 ×5% = 24 萬元的股利,剛好夠你繳房租。你可以省下 1200 萬 - 480 萬 = 720 萬元,日子可以更輕鬆,人生也有更大的彈性。

配息好還是配股好?

從上述中信金和中華電的計算結果可以看出,買中華電的股票需要付出比中信金更多的資金,但是領到的股利卻比中信金少,那是因為大家都知道,中華電是一家獲利很穩定的好公司,好公司的股價都很貴;此外,中信金因為每年都有配發股票股利,賣出股票就可以得到更多的現金。

$ 建立「房租基金」投資組合

如果房租的來源,只是靠一家公司的股利來提供,萬一公司

的經營出現意外，可能下個月就要被房東給請出去了。因此，有必要建立投資組合，來因應意外風險，並產生穩定的獲利。首先要考慮下面幾項重點：

重點❶ 跨產業

投資組合必須分散在不同產業，才可以分散風險！假設都集中在金融業，一旦發生金融風暴，就會「覆巢之下無完卵」。

重點❷ 民生必需產業

最好挑選民生必需、具有重複消費特性的公司股票，比較能夠安度不景氣，中華電就具有這個特性，不管經濟再怎樣不景氣，大家一樣要打電話、要上網。

重點❸ 高股息

因為要靠股利來支付房租，所以公司的獲利必須穩定，而且要配發股利。如果公司的獲利很好，卻吝於發放股利，也就沒錢可以繳房租。

重點❹ 大集團龍頭股

盡量挑選「家大業大」的集團龍頭股，會比較放心；完全沒有倒閉風險的 ETF（指數型基金），不僅有穩定的股息可以領，還可以順勢做價差，以下舉 3 支股票做説明。

中信金

中信集團是國內前幾名的大型金控集團,信用卡發行量全台第一,只要你刷卡,中信金就有錢賺。2016 年 3 月底中信金宣布,將以台幣 154 億元入股泰國 LH 金融集團;同年 4 月又宣布,透過銀行及人壽以台幣 61 億元,收購蘇格蘭皇家銀行馬來西亞子行 100% 股權,為台灣金融業首例。中信金不斷在海外併購,擴大營運規模,未來的前景令人期待。

中華電

中華電信的設備滲透到每一戶家庭,已經是大到不能倒的公司;網路也成為生活不可缺的必需品,而且人們逐漸成為網路的重度依賴者,加上未來物連網、車聯網……都需要電信公司的服務,公司的業績無虞。

ETF

台灣 50(0050)和台灣高股息(0056)不可能倒閉,只要把握「逢低買進」的原則,每年賺進 6% ～ 8% 的報酬率不是難事,如果可以掌握做價差的技巧,還有機會賺進 10% 以上的報酬,關於 ETF 賺價差的操作方法,第 9、10 章會提到。

上述 3 支股票就分屬不同產業,假設各買進 100 萬元的股

中信金、中華電、台灣 50 近 3 年平均股利							
股票	股價 （元）	購買 張數	現金 股利 （元）	股票 股利 （元）	配發 現金 （萬）	配發 股票 （張）	股利 合計 （萬）
中信金	14.6	68.5	0.63	0.63	4.32	4.32	10.63
中華電	102.5	9.76	4.91	0	4.79	0	4.79
台灣**50**	57.55	17.4	專注做價差				10
合計							**25.42**

説明：股價為2016/1/28收盤價，股利為2013～2015最近3年的平均值。

票，然後用最近 3 年的平均股利來計算，看看可否提供穩定
的房租基金。

穩定的基石

從上表可以看出，中華電股價最貴、股利最少，但是歷年
獲利和股利非常穩定，當景氣轉差、其他 2 支股票遭遇亂流
時，中華電仍然可以穩定貢獻出股利。建立投資組合時，一定
要有穩定的基石，才可以在經濟風暴時安全度過。

高收益

中華電雖然穩定，但是股利真的不迷人，只有 5% 左右，如
果可以利用 ETF 做價差，每年賺進 10% 的報酬，就可以填補
中華電股利較少的缺憾。我個人認為，投資人多少還是要磨練

做價差的技巧，ETF 會是很好的練習工具，而且 1 年只要抓住幾次大跌的機會，每次賺一點，1 年賺進 10% 並非難事。

成長的潛力

中華電和 ETF 的特徵就是穩定，不過碰到大多頭時，股價的漲幅也很難令人驚豔，而且只有配發現金股利，股票張數無法年年成長；相對的，中信金有配發股票股利，因此持股張數會逐年增加，當大多頭來臨時，張數變多、股價上漲的中信金，也可以為房租基金組合帶來更大的成長力道。

上述 3 支股票的投資組合，囊括 3 個不同產業，公司的營業項目都算是跟民生必需有關，而且都是產業中的龍頭公司。靠股利來付房租，大家最怕的還是「股票有風險」，平心而論，要讓上述 3 支股票有任何一支不賺錢、不配發股利，我就覺得很不容易，更不要說 3 支股票同時不賺錢、同時倒閉，那幾乎是不可能發生的事情。

如果這 3 支股票真的都倒閉了，我想你辛苦買到的房子也一定不值錢了。當然，這只是舉例，你不一定只挑選 3 家，可以自行挑選更好的投資組合。合計 3 支股票近 3 年平均股利為 25.42 萬元，就可以負擔每年 24 萬元的房租，而且買股票

的總資金只要 300 萬元，遠低於買房的 1200 萬元。

　　所以，成立自己的「房租基金」投資組合，靠大公司幫你租房子，不是好過辛苦揹 20 年的房貸呢？上面說的只是一個概念，目的是想為買不起房子，或是不想被 20 年房貸壓到喘不過氣的無殼蝸牛族，提供另外一個可以遮風避雨的解決之道。你不一定要買進上述這 3 家公司，說不定你會找到更好的標的；當然你也不必侷限於 300 萬元的預算，你可以租更大、更豪華的房子，統統由別人幫你付房租。

　　最後，如果你真的還是想要擁有自己的房子，那該怎麼辦呢？一旦 300 萬元的房租基金組合建立後，每年都有好公司幫你付房租，你可以把每個月省下來的房貸開銷，用來繼續打造「購屋基金」的投資組合，持續累積股票資產，總有一天還是可以靠股票來幫你買房子。先租再買，靠股利幫你支付房租，人生會過得比較輕鬆。

$ 每年賺 6% 輕鬆累積教育基金

　　「房租基金」的觀念，也可以用在打造日常生活的「消費基

111

金」，如果有 300 萬元的投資組合，每個月可以提供你 2 萬元的生活費，早上 1 杯咖啡、下班後悠閒聚餐看電影……每天都能享受小確幸。房租基金和消費基金產生的股利是要用來消費，因此不會再將股利投資進去，基金的規模不會變大。

如果要進行長遠一點的規畫，比如小孩出生後，開始規畫將來念書或留學的費用，就一定要把基金組合的股利「持續投資」進去，基金的規模才會越來越大。10 年前，我在小孩讀小學時，就幫他們開戶並持續投資股票，如今每個小孩的帳戶每年都可以領到超過 20 萬元的股利。

我幫小孩投資的都是獲利穩定的大型績優龍頭股，除了不用擔心公司倒閉外，每年配發的股利都持續擴大他們教育基金的規模。就算小孩長大後不想出國留學，基金也可以拿來租屋、買房等，完全不用回來當靠爸一族。我寧可事先幫小孩做好未來的規畫，往後我的退休老本，就可以自己用來享受人生。

那麼，在小孩子出生後，每個月要投入多少資金來建立教育基金呢？試算一下好了，假設每個月投入 1 萬元，也就是 1 年投入 12 萬元，持續 20 年之後，在不同的報酬率下，會累積多少教育基金（見下頁表）。

報酬率	1.3% （定存）	6%	8%	10%	12%	15%	20%
每個月投入 1 萬元 累積教育基金 單位：萬元							
1歲	12	12	12	12	12	12	12
2歲	24.2	24.7	25	25.2	25.4	25.8	26.4
3歲	36.5	38.2	39	39.7	40.5	41.7	43.7
4歲	48.9	52.5	54.1	55.7	57.4	59.9	64.4
5歲	61.6	67.6	70.4	73.3	76.2	80.9	89.3
6歲	74.4	83.7	88	92.6	97.4	105	119.2
7歲	87.3	100.7	107.1	113.8	121.1	132.8	155
8歲	100.5	118.8	127.6	137.2	147.6	164.7	198
9歲	113.8	137.9	149.9	163	177.3	201.4	249.6
10歲	127.3	158.2	173.8	191.2	210.6	243.6	311.5
11歲	140.9	179.7	199.7	222.4	247.9	292.2	385.8
12歲	154.8	202.4	227.7	256.6	289.6	348	475
13歲	168.8	226.6	257.9	294.3	336.3	412.2	582
14歲	183	252.2	290.6	335.7	388.7	486.1	710.4
15歲	197.3	279.3	325.8	381.3	447.4	571	864.4
16歲	211.9	308.1	363.9	431.4	513	668.6	1049.3
17歲	226.7	338.6	405	486.5	586.6	780.9	1271.2
18歲	241.6	370.9	449.4	547.2	669	910	1537.4
19歲	256.7	405.1	497.4	613.9	761.3	1058.5	1856.9
20歲	272.1	441.4	549.1	687.3	864.6	1229.3	2240.3

　　毫無懸念，定存（1.3%）的報酬率最悽慘，投入 240 萬元資金卻只累積到 272.1 萬元，而且 20 年後的 272.1 萬元，購買力恐怕遠遜於現在的 240 萬元，通膨是現金的最大殺手；但是只要有 6% 的報酬率，就可以累積到 441.4 萬元，明顯高過定存，足夠小孩子大學畢業後出國留學的花費了。

　　在低價時買進中華電等電信三雄的股票，要達到 6% 的報酬率並不是難事，長期投資台灣 50 也可以獲得 6% ～ 8% 的報酬率，再加上做價差的話，賺進 10% 以上也很有機會。要是能夠達到「股神級」的 20% 報酬率，更可以累積到 2240.3 萬元，連小孩買房子或創業的資金，都準備好了。

$ 窮人工作的時間＝富人玩樂的時間

　　我的投資邏輯其實很簡單，就是「持續不斷買進資產」，然後靠資產的利息來支付生活所需。我們從小到大在學校讀書、在公司上班，花了大半輩子學習到的，絕大部分都只是工作的技能。工作其實就是靠自己的專業來賺錢，一旦停止工作之後，收入也會跟著停止。

如果趁著年輕時，拒絕買進負債的誘惑，持續買進股票等資產，將來的你就可以靠別人的專業來賺錢，而且只要別人一直在工作，你就一直會有收入，長長久久，甚至可以傳承給子孫。

　　時間是公平的，不管是窮人或富人，每個人的一天都只有 24 小時，如果只是靠自己一個人的專業，你能夠賺到多少錢？就算你的專業很強、收入很豐富，但是時間都拿去賺錢了，還有空閒去享受人生嗎？投資股票、累積資產，就是靠好公司、靠別人的專業來幫你賺錢，而且可以靠很多人來幫你賺錢，別人用 24 小時不停地努力工作，你的每一天，都可以有 24 小時來享受人生。

　　投資的世界一樣是公平的，只要開始投資股票、買進資產，每個人都能夠分享別人辛勤工作的果實。別忘了，台灣股市每年大約會發放 1 兆台幣的現金股利，這就是通往財務自由的任意門，我們怎麼可以置身事外、平白錯過呢？

$

每 年 多 存 300 張 股 票

第5章

進階篇

買股票
就像借錢出去

把錢拿去買股票，每年領取股利，是不是很像把錢借給朋友，每年收利息？在把錢借出去之前，通常都會先評估朋友的狀況，像是有沒有穩定的工作、會不會中途跑路、有沒有其他債務……才能夠安心把錢借出去。

把上述這些情況濃縮一下，借錢出去之前，你要先考慮朋友的狀況：

① **會不會賺錢**：有穩定工作？有穩定收入嗎？

② **誠信**：會不會有錢不還？

③ **負債**：有沒有其他債主，有沒有燒錢的不良嗜好？

④ **體質**：是不是有專業的賺錢能力？

⑤ **成長**：會不會認真提升自己的工作能力？薪水會不會每年穩定成長？

同樣的，在買進股票之前，是不是也要好好地評估這家公司的體質，以及未來的前景呢？就像借錢之前會想的幾個問題一樣，也有一些指標可以簡單、有效地判斷，這家公司會不會年年自動幫你賺錢，讓股利持續流入。

$ 指標 **1** 每股盈餘：找出年年賺錢的公司

公式 **每股盈餘＝稅後淨利 ÷ 流通在外的股數**（通常用加權平均）

如果一家公司可以年年都賺錢，當他的股東，就可以安穩領股利，而且不用擔心公司倒閉。要年年賺錢其實並不難，根據《財訊》在2015年10月公布的統計資料，台灣證交所運行50多年來，目前上市櫃1700多家公司中，有高達614家企業從來沒有虧過錢，其中還有21家企業連續獲利長達20年以上。台泥（1101）更蟬聯上市獲利最久的企業，上市以來連續54年都獲利，沒有一年發生虧損。

在這段期間，台股可不是一帆風順，經歷了2次波斯灣戰爭、台海飛彈危機、亞洲金融風暴、網路泡沫、921大地震、911恐怖攻擊、美國出兵阿富汗、亞洲SARS危機、全球金融大海嘯……風暴一波接著一波，可是台塑集團的台塑（1301）、南亞（1303）、台化（1326）、福懋（1434），連續賺了30年；還有連賺29年的正新（2105）、連賺26年的寶成（9904）；科技產業中，台達電（2308）、鴻海（2317）、台積電（2330）也都連續獲利20多年。

　　「年年賺錢」是好公司的基本定義，而且賺錢的年數越長越好，這表示公司可以安然度過景氣循環、國際動盪、金融風暴等意外因素。但是每家公司的規模不盡相同，我們該如何比較呢？

　　在這裡用2016年4月7日，台灣50（0050）成份股權重最大的台積電（2330）和最小的裕日車（2227）來做比較，從2015年的資料分析，台積電稅後賺了3066億元，裕日車則是賺了41.7億元，當日台積電的股價是157.5元，裕日車卻是197.5元。台積電的獲利是裕日車的73.5倍，股價卻比裕日車低，推究原因，就是因為股本太過龐大的緣故。

　　所以，在比較公司的獲利時，要找一個公平的標準，才可以避免發生大人（股本大）打小孩（股本小）的情況，每股盈餘（EPS）就是一個好的指標。

　　從EPS計算公式可以看出，EPS就是1股（1張股票＝1000股）賺多少錢的意思，2015年台積電的EPS是11.82元、裕日車則是13.89元，顯示裕日車「每一股」的獲利能力大於台積電，股價當然也會比較高。要用EPS選股，我認為要注意下列3個要點：

要點❶ EPS > 0

這代表公司有獲利，EPS越高，則公司越賺錢，除非公司正在轉機，不然我不會買EPS＜0（虧錢）的公司。

要點❷ 夠穩定

EPS除了高之外，更重要的一個標準是穩定，像是早年「3年不獲利、獲利吃3年」的DRAM業，很多公司都已經下市了。

要點❸ 能持久

最近連續10年EPS＞0的公司，表示有撐過SARS危機、金融海嘯等國際性風暴，體質會好過最近5年連續獲利的公司。

$ 指標2 股東權益報酬率：看出公司賺錢的效率

> **公式**
> ROE ＝稅後淨利 ÷ 股東權益
> 股東權益＝公司總資產－公司總負債＝淨值

一般投資人很喜歡用EPS來判斷公司好壞，但是EPS只能告訴你「公司賺多少」，缺點是無法告訴你「公司的賺錢效率」。舉例來說，假設A公司用100元的本金可以賺到2元的EPS，而B公司只要用50元的本金就可以賺到2元的 EPS，儘管

賺的錢（EPS）都一樣，但是B公司明顯比A公司更有效率。這個用來評量賺錢效率的指標，稱為股東權益報酬率，簡稱ROE。

ROE是考量公司使用本金的能力，數值越高，表示獲利越有效率，要點如下：

要點❶ 穩定比平均值重要

假設A公司最近5年的ROE是10%、22%、40%、15%、40%，5年的平均值是25.4%，看起來是很好，但是每年的高低差過大，這個就不是好的投資標的。一般會喜歡ROE穩定，最好還持續上揚的公司，像是大立光（3008）的ROE，從2010年起穩定向上攀升，不僅可以持續為股東帶來獲利成長的動能，股價也持續上漲。

要點❷ 專注本業

公司的稅後淨利，究竟是來自於本業，還是業外的挹注，也會影響到ROE的品質，所以要優先挑選本業長期獲利穩健的好公司。

要點❸ 公司規模

通常在公司剛成立時，因為規模小，獲利的爆發性比較大，

ROE也會比較高；但是當公司規模逐漸壯大，獲利很難維持年輕時的成長幅度，ROE就有可能下滑。觀察鴻海的情況，1998年時ROE高達38.7%（股本73.5億元），2015年股本膨脹成1599億元，ROE也逐年下滑到13%附近。如果A、B兩家公司的規模差距過大，就不適合用ROE來比較。

要點❹ 不同產業

不同產業之間，也不適合用相同的ROE標準來比較，例如IC設計公司以人力資源為主，設備投資比較小，因此ROE通常會比較高；反觀傳統製造業，因為需要大量資金投入在生產設備，ROE就會比較低。

要點❺ 高低標準

`ROE低標` 介於10%～15%，儘管ROE越高越好，但是一些成熟產業的好公司，卻很難享有高ROE，例如中華電（2412），如果硬要用高ROE來篩選，就會成為遺珠之憾。這類型的公司，重點反而在於ROE的穩定度。

`ROE中標` 介於15%～20%，例如台達電，最近幾年的ROE平均值在18%附近，這類型的公司已經可以算是好學生。

`ROE高標` 在20%以上，可以算是資優生，例如台積電近幾

年的ROE平均值在25%以上，且長年維持穩定，公司的獲利與股價也穩定往上。

$ 指標 3　本益比：買進便宜的股票

公式 本益比＝股價 ÷ 近 4 季 EPS

　　通常，EPS越高的公司，投資人越喜歡買進，但往往股價也越高，買進不一定划算。要評估股價划不划算（便宜），可以再加入本益比的觀念。一般在講本益比的時候，是以「年」為單位，例如用2014年的平均股價與全年EPS來計算，如果想要精確一點，則可以使用最近4季的EPS。

　　用本益比評估時，要記得同產業和同產業相比的原則，如果拿電子業和食品業比較，結果可能會讓你無法接受。以下拿同產業的統一超（2912）和全家（5903）當例子，股價採用2016年4月7日的收盤價，兩家公司的本益比見下頁表格。

　　從表中可以看出，統一超7.92元的EPS高過全家的5.72元，所以統一超的股價也比全家高，但是全家的本益比卻高出許多，對我而言，全家的投資價值就會低於統一超，因為EPS比

超商雙雄本益比的比較			
公司	股價（元）	2015年EPS（元）	本益比
統一超（2912）	228	7.92	28.7
全家（5903）	210.5	5.72	36.5

較少，而且本益比過高。

　　照理說，相同性質的公司，本益比的差距不應該這麼大，可能是因為全家的股本（22.33億元）比統一超（103.97億元）小很多，籌碼比較容易集中和鎖定，平常1天的成交量大多只有幾十張，股價也就容易拉抬。但是這種交易量小的股票，萬一碰上大崩盤時，下跌的時候會跌得比較重。我通常會避開交易量小，本益比又偏高的股票。

$ 指標4 本業獲利率：主業能賺錢是關鍵

公式 本業獲利率＝營業利益 ÷ 稅前淨利

　　公司如果年年賺錢，接著還要評量，錢是怎樣賺進來的。好比女生碰上一個高富帥的男朋友，可是卻不曉得他的薪水只

有22K，平日揮霍的都是父母給的零用錢，這樣的日子可以長久嗎？恐怕他家裡真的要十分有錢才行。

首先，好公司必須經營穩健，最好經過金融風暴的洗禮。如果一家公司已經成立10年，表示曾經歷過景氣循環與2009年的全球金融海嘯，體質會比較強韌。接下來就是評估獲利來源，主要是靠本業賺錢，還是業外收入？另外，業外是否有無虧損？

來看看這篇新聞：「中國信託金融控股公司，2014年度合併稅前盈餘464.99億元，若排除東京之星銀行廉價購買利益147.5億元，稅前盈餘較去年成長47%；若含東京之星銀行廉價購買利益，稅前盈餘成長高達116%，創歷史新高。」

所謂「廉價購買利益」，是指被購併的公司帳面淨值高於購併價（就是以比較便宜的價格被購併），買家就可以認列廉價購買利益。2014年元大金（2885）入主南韓東洋證券，廉價購買利益也有56億元。廉價併購利益，其實只存在「帳面上」，沒有真的看到錢，所以2014年中信金賺進2.66元的EPS，卻只能配發1.62元股利（0.81現金＋0.81股票），就是排除廉價購買利益。

廉價購買利益只是「一次性」的獲利，2015年底，中信金出售信義區總部大樓，每股獲利增加了0.52元，這也只是一次性的「業外」獲利。對我來說，一次性的業外獲利就好比牛排的調味料，有一點加味效果（沒有也沒關係），最重要的還是牛肉的品質（本業獲利）好不好。

所以我習慣將一次性收入剔除，藉以看清楚本業的獲利。要如何判斷公司的獲利是靠本業或業外呢？我先來介紹下面3個名詞。

營業利益（損失）＝營收－銷貨成本－營業費用

代表公司在「本業」上的獲利，如果是正數，就是營業利益，反之，則為營業損失。

稅前淨利＝營業利益＋營業外收益（損失）

公司在本業及營業外（本業之外）損益的總和，可以看出一家公司在繳稅前是否有賺錢。

本業獲利率＝營業利益÷稅前淨利

比較營業利益與稅前淨利，就可以知道本業獲利占公司總獲利的比例。

上面的營收，要用「季」或「年」為單位呢？我的建議是

都看，不能偏廢，而且公司的營收也有淡旺季之別。一般來說，本業獲利率當然是越高越好，如果能夠大於80%，表示公司的獲利很扎實，例如台積電本業獲利率大多在90%以上，由於營業利益率很穩定，當台積電營收成長時，就可以推估稅前淨利也會同步成長。反觀本業獲利率低的公司，由於會有業外收益（或虧損）這個不確定因素，很難從營收狀況來推估公司的獲利。

攤開2015年第1季宏達電（2498）的財報，本業淨利0.2億元，稅前淨利5.1億元，業外收益即為4.9億元，計算下來，本業獲利率為3.92%（0.2億÷5.1億），非常不理想！第2季本業與業外更是大幅虧損，股價一路下殺到40元才止跌，主要原因就是公司本業沒有持續且穩定的獲利。記得，本業才是主菜，業外只是甜點小菜，不能捨本逐末。

$ 指標 5 業外損失比率：拉低公司整體獲利

公式 業外損失比率＝其他利益及損失 ÷ 稅前淨利

「仁寶（2324）在2013年向大同（2371）追討認購華映私

募資金77.9億元，2014年官司發生逆轉，致使仁寶提列47.3億元損失，首季從原本賺24.66億元，大逆轉成22.63億元的虧損，每股虧0.53元。」

從這則新聞可以看出，業外項目不一定是獲利，也有可能是損失。對於有賺錢（稅前淨利＞0）的公司，要進一步探究業外損失的金額與比率。在公司的財務報表中，可以找到「其他利益及損失」這個項目，然後計算出這部分占稅前淨利的比例。這個比例當然是越小越好，一般來說至少要小於20%才比較理想。

$ 指標6　應收帳款與存貨：避開吹噓的獲利

公式 應收帳款與存貨比率＝（應收帳款＋存貨）÷全年營收

有全球賣空法人之稱的格勞克斯（Glaucus）研究機構在2014年4月24日出具研究報告，指控 F-再生（1337）財報不實，儘管該公司出面說明，股價仍重挫，從該月最高的92.5元一路下殺到2015年8月最低的10.5元，投資人損失非常慘重。

　　財報指出，F–再生2013年新增的營收數字中，居然有高達90%的營收來自應收帳款與存貨，意思就是：只完成交易，卻沒收到任何現金。究竟是因為交易對象的應收帳款一直收不回來，還是公司的東西賣不出去，導致存貨很多呢？是否有營收灌水的嫌疑？要知道公司確實的營收，可以用「應收帳款與存貨比率」來衡量。

　　應收帳款是指企業因銷售商品、產品、提供勞務等業務，應向購買單位收取的款項，也就是被購買單位所占用的資金。

　　我曾經在100元的價位買進1張博達科技股票，後來因為發生淘空案導致這張股票變成壁紙。博達在1999年底上市，4個月後股價就衝上368元的天價。該年度結束時，公司應收帳款為16.79億元，但是隔年的應收帳款卻暴增到34.59億元。之後連續3年，儘管博達業績不斷下滑，應收帳款卻不曾下降，2003年全年營收42億元之多，第3季應收帳款攀上39億元的最高峰。

　　如果我當時有用每季、每年的應收帳款與存貨比率，檢視公司營收的灌水狀況，就可以逃過一劫。可惜我當時不懂，只好花10萬元當學費。

$ 指標 7 ｜ 自由現金流量：有資金才能發放股利

公式 自由現金流量＝營業現金流量－資本支出

現在很常看見「月光族」這個名詞，每月初領到薪水，到了月底就花光光了，也就沒有錢可以儲蓄或投資。月光族除了吃得開心、穿得漂亮，消費跟收入不成正比之外，當然也不乏工作認真，但是被房貸、生活開銷、孝親、養兒等花費，把賺進來的錢都花光，被迫成為月光族的人。

同樣的，如果公司營運有賺到錢，就是財報中的「營業現金流量」；但是公司為了要增加競爭力與生產力，會增蓋研發中心、廠房、買進機器設備，這些就成為公司的「資本支出」，兩者相減之後，就稱為「自由現金流量」。這些多出來的現金，以後可以用來還債、再投資、轉成股利發還股東……可以讓公司自由運用，因此稱為自由現金流量，是真正屬於股東的盈餘。

對於上班族來説，薪水多少很重要，但是能夠存下多少更重要。同樣的，對於公司來説，營業現金流量必須大於零，表示有收到現金進來，但是如果公司燒錢燒很凶，能夠分給股

東的股利就很可憐。

看看台灣的面板、DRAM、LED、太陽能這「4大慘業」，為了不被淘汰，需要不斷投資下一代的新技術，加上擴廠、擴產線相關的資本支出極高，導致公司資金缺口越來越大、體質越來越差，獲利也往下沈淪。反觀可以留下現金的公司，平時可以穩定發放股利，動盪時可以趁機大舉投資，賺進更多錢。因此，要仔細評估一家公司的自由現金流量，挑選出不會一直燒錢，而是可以留下現金的公司。

$ 指標8 負債比：不過度波動較有保障

公式 負債比＝總負債 ÷ 總資產

公司的營運需要資金，不夠時便需要對外舉債（負債），在低利環境下，適當舉債可以發揮槓桿效果，用比較少的資金創造更多的利潤。但是，如果負債太多，也會被利息侵蝕掉獲利，增加經營的風險，因此要來介紹一下「負債比」。

負債比代表一間公司有多少比例的錢是借來的，理論上，高負債比表示公司可用較少的自有資金，來創造更大的營收，

但是一旦遇到金融風暴,這些公司很可能被銀行抽銀根,倒閉的機率也相對提高,此時股價的跌幅也會比較慘重。投資時一般會建議,要避開負債比大於50%的公司。但是有些產業,本身就是以高度槓桿的方式在運作,例如:

① **金融保險業**:大多是客戶的保費與存款,自有資金不高。

② **營建業**:土地、營造資金需求高。

③ **航運業**:飛機、船隻等購買金額龐大。

④ **半導體業及部分電子業**:每年提升製程,資本支出高。

　　所以也不要死守負債比50%的限制,我的看法是,如果負債比長期維持穩定,不會大起大落,公司的經營就比較穩健。

$ 指標9 毛利率:可帶動股價上漲

公式 **毛利率=(營業收入－營業成本)÷營業收入**

　　營業收入是指企業因銷售產品,或提供服務所取得的各項收入,是尚未扣除任何成本和費用前的收入。一般公司的營收會有淡旺季的不同,因此觀察月增、季增率不會有太大的意義,重點應該放在年增率的趨勢。

　　營業成本則是製造產品過程中，直到產品被拿去賣之前所產生的成本，包含原物料成本、運費、薪資、機器設備的折舊費用等，單純從毛利率的計算公式來看，毛利率越高，代表可以用較低的營業成本，創造較高價的產品。

　　高毛利率的公司通常具有過人的優勢，例如掌握關鍵技術、享有獨占地位、具有穩定的客源、服務品質良好；低毛利率的公司則可能是產品在市場殺價競爭、薄利多銷，或是不受到消費者的認同。不同的產業，毛利率也不能拿來相互比較，像是IC設計這種主要是靠腦力的產業，毛利率通常高過30%，反觀台塑這種傳統產業，因為原物料的成本較高，毛利率就低很多。

　　毛利率是影響公司獲利的關鍵，優秀的公司通常具有比同業高的毛利率，像是2015年台積電的毛利率高達48.7%，大幅超越聯電（2303）的21.9%，台積電的股價也遠遠超過聯電。

　　因此，公司的毛利率如果能夠穩定提升，也可以帶動股價上漲，大立光在2012年的毛利率是41.7%（當時股價最高為899元），之後毛利率穩定爬升到2015年的57.4%，股價也跟著飆到3,715元的歷史天價。相反的，如果毛利率往下沈淪，像是

宏達電（2498）從往年30%以上的高峰，逐年下跌到2015年的18%，股價也只剩下當年的零頭。

$ 指標 10 營業利益率：判斷公司經營能力

公式 營業利益率＝營業利益÷營業收入

毛利率無法看出公司的研發費用、廣告銷售等成本，也有可能在扣除所有成本後，獲利是由盈轉虧，所以，營業收入扣除掉所有的營業費用，才可以看出本業上的實際獲利，我們就稱做「營業利益」。

如果營業利益的數值越高，代表公司本業越賺錢；如果這個數值是負的，表示本業虧損，稱做營業淨損。毛利率只能夠看見產品的競爭力，營業利益率（簡稱營益率），才可以看見公司經營本業的能力。

如果一家公司的毛利率很高，但是營益率卻不高，有可能是管銷費用過高，像是2013年宏達電大手筆以3.6億元台幣，請《鋼鐵人》電影的男主角小勞勃・道尼（Robert Downey Jr）廣告代言，儘管當年度的毛利率還有20.8%，營益率卻變

成−1.95%。營益率較低的公司，在不景氣時，一定會較先受到衝擊。

如果營益率持續下滑，代表公司本業的競爭力持續衰退，股價堪憂。王品（2727）從2012年至2015年，儘管毛利率都維持在50%之上，但是受到食安風暴、人事成本調漲、跨足平價商品等影響，營益率逐年從11.9%下滑到2015年第3季的4.25%，股價也從500元以上跌到2016年第1季時只剩100多元，慘不忍睹。

💲 指標 11 淨利率：可能隱藏一次性收益

公式 淨利率＝稅後淨利 ÷ 營業收入

公司經營過程中，除了本業的獲利外，也有可能有營業外的收入（損失），像是轉投資損益、利息收支、出售資產損益、資產減損等，例如2015年第3季，華碩（2357）的匯兌損失高達22.86億元。將本業的營業利益加上業外收益（損失），就是一家公司的稅前淨利，再扣除營利事業所得稅後，就稱為稅後淨利，由此可以算出淨利率。

　　淨利率越高，表示公司賺錢的能力越高，但是淨利率無法看出公司的獲利是來自本業，還是業外。2012年老牌飲料廠黑松（1234）出售台北市精華區土地，賺進了14元的EPS，淨利率高達118.3%，股價也飆高到51元。但是出售土地僅是一次性收益，況且將生財的工具賣掉後，也會減少往後每年的收益，黑松2013年的淨利率下滑到4.77%的往年水準，股價最低為29.6元。如果看到淨利率飆高就急著買進股票，卻不去探究獲利來源，很有可能會被套在高點。

　　在分析淨利率時，首先要跟同產業的公司比較，然後參考該公司過去的水準，更要分析獲利的來源，最怕的就是公司的本業虧損，但是因為業外的收益，像是匯兌、投資股票、賣祖產等業外收益，美化了當年度的數據。

$

每 年 多 存 300 張 股 票

第6章

進階篇

牢記6原則
存股真簡單

買進台灣50（0050）和台灣高股息（0056）這類型的ETF，好處是不會倒閉，因為它的成份包含幾十家股票，所以投資單一股票的風險被分散了。風險可以被分散，那麼獲利會不會也被分散？當然也會，追求「穩定、不會變壁紙」也是要付出代價，因此報酬率可能會不如一些小型飆股。

但是0050和0056還有一個最大好處，就是不必研究個股，你可以把營收、獲利、毛利率、財報……統統丟掉，只要把精神用來判斷國內外的景氣情況，並且逢低慢慢買就好了。

對於積極一點的投資人來說，如果能夠找到好股票來存股，而且集中火力，那麼報酬率應該會高過0050和0056吧？這個想法是正確的，但是重點就在於「選股」及「做研究」上面，要考驗投資人自己的功力。自己選股，你可能會得到更大的報酬，也有可能挑錯股票；事實上，就算是每天認真做研究的專家，一樣會挑錯股票，我還沒看過有誰買股票不曾賠過錢。

因此，存股很重要的一個關鍵，就是要買到績優好股，如此才能享受靠錢自動賺錢的好處。至於該怎麼挑，第5章的幾個指標必須好好研究一下。不過，很多人在存股過程中，還是

會擔心股價下跌的問題,以下就來分享一下我抱住好股票的幾個原則。

$ 原則1 存對好股票 快樂上天堂

0050成立至今,平均每年的股息殖利率是3.10%,還有5.47%的淨值成長率,合起來就是8.57%。如果在0050的成份股當中,把表現差的股票剔除,再剔除大起大落的電子股,將剩下的好股票留下來,成為你個人專屬的投資組合,報酬率不就會更上一層樓嗎?

除了挑選龍頭好公司之外,還有一個要件,就是每年發放穩定的股利,存股靠的就是將股利繼續投入的複利遊戲,股利很重要。此外,我個人又比較偏好股票股利,因為「配股是乘法」,累積股票的速度就會加快。

基於上述條件,我挑出亞泥(1102)來充當模特兒,跟0050做一下比較。因為0050是在2003年6月25日成立,所以我假設在2003年買進10張亞泥,看看投資績效如何?(每年領到的現金股利,持續用當年的均價買回股票)

2003～2015 年亞泥（1102）投資績效

股利發放年度	年初股票張數	平均股價（元）	配發現金股利（元）	現金股利價值（元）	現金股利可買張數	配發股票股利（元）	配股張數
2003	10	14.7	0.5	5,000	0.34	0	0
2004	10.34	20.5	0.65	6,721	0.33	0.65	0.67
2005	11.34	19.9	1.2	13,608	0.68	0.8	0.91
2006	12.93	24.3	1.2	15,517	0.64	0.8	1.03
2007	14.60	40.7	1.5	21,906	0.54	0.8	1.17
2008	16.31	41.5	2.4	39,146	0.94	0.6	0.98
2009	18.23	33.5	1.8	32,819	0.98	0.3	0.55
2010	19.76	30.7	1.8	35,567	1.16	0.3	0.59
2011	21.51	35.7	1.9	40,870	1.14	0.2	0.43
2012	23.09	36.3	2.3	53,097	1.46	0.3	0.69
2013	25.24	37.4	1.7	42,910	1.15	0.2	0.5
2014	26.89	39.3	1.8	48,408	1.23	0.2	0.54
2015	28.66	35.3	2.2	63,058	1.79	0	0

　　2003年買進10張時總成本是14.7萬元，一直持有到2015年初，已經累積到28.66張，除息後得到現金股利63,058元，以2015年均價35.3元來計算，可以再買回1.79張，總張數變成30.45張，總價值為107.5萬元，是原始成本的7.3倍，換算出來每年的報酬率高達18.1%，是不是高過0050的報酬率呢？存

股利發放年度	現金股利	股票股利	股利合計	均價	EPS	本益比
2003	0.5	0	0.5	14.7	0.57	25.79
2004	0.65	0.65	1.3	20.5	1.63	12.58
2005	1.2	0.8	2	19.9	2.97	6.7
2006	1.2	0.8	2	24.3	2.82	8.62
2007	1.5	0.8	2.3	40.7	2.85	14.28
2008	2.4	0.6	3	41.5	3.69	11.25
2009	1.8	0.3	2.1	33.5	2.52	13.29
2010	1.8	0.3	2.1	30.7	2.64	11.63
2011	1.9	0.2	2.1	35.7	2.5	14.28
2012	2.3	0.3	2.6	36.3	3.19	11.38
2013	1.7	0.2	1.9	37.4	1.93	19.38
2014	1.8	0.2	2	39.3	2.21	17.78
2015	2.2	0	2.2	35.3	2.98	11.85
平均值	1.61	0.4	2.01	31.52	2.50	13.75

2003～2015 年亞泥經營績效　單位：元

到好股票就是這樣迷人，你的資產會自己成長。

先看看亞泥的經營績效，順便說一下適合存股的好公司有哪些特徵。

特徵❶ 景氣不好同樣賺錢

亞泥平均每股盈餘（EPS）是2.5元，而且每年變化不大，最

重要的是，公司沒有一年賠錢。長時間穩定的獲利就是我判斷好公司的最重要指標之一，「長時間」是指多長呢？當然是越長越好，至少也要跨越一次的景氣興衰週期，景氣好的時候人人都賺錢，景氣差的時候，才可以看出誰有真功夫。

上述2003～2015年，經歷2003年SARS危機及2008年全球金融海嘯，景氣這麼壞，亞泥卻一樣賺錢，表示公司經營穩健，而且很有競爭力，不管景氣再差，一樣有本事把錢賺進來。其實，台灣有不少龍頭績優股，就具備這樣的特質。

特徵❷ 大方以現金分享獲利

公司賺到錢，如果沒有配發給股東，股東怎麼分享公司經營的成果呢？特別是有一些不肖公司明明賺了很多錢，卻不把盈餘發放給股東，而是藉由一些轉投資的名義，比如拿盈餘去投資老闆的子公司來變相掏空，視股東的權益為無物。

2015年9月，爆發出上櫃公司揚華科技（4703），涉嫌與佳營電子（6135）、百徽（6259）、駿熠電子科技（3642）、友旺科技（2444）等4家上市櫃公司，長期虛偽交易，美化財報，合計掏空資產超過20億元。

2014年洋華每股賺進4.07元，隔年卻只配發少少的0.35元

現金股利，儘管股東另外拿到3.15元的股票股利，但是股價也從2014年最高的129元，一路跌到2015年停止交易的3.95元，股東拿到再多的股票又有何用？一家公司如果可以長期穩定地配發現金股利，表示公司的財務狀況健全，也很照顧股東的權益。

特徵❸ 本益比偏低再買進

本益比就是「買下一家公司需要多少年」的意思，假設A公司的股價100元、每股盈餘5元，那麼本益比＝股價÷每股盈餘＝20，所以20年就可以把公司買下來（賺回本金）。

本益比越低，通常表示公司的股價越便宜。目前銀行定存利率大約是1.2%，定存的本益比是83.3倍（以每股1元，每年盈餘0.012元的概念換算，即每存1元，可年領0.012元利息）；如果你有一間2000萬元的店面，每年收租100萬元，本益比就是20倍（20年的租金可以買回這家店面）。相對之下，亞泥的平均本益比是13.75，算是偏低。一般來説，績優龍頭股的本益比，當然是越低越好，15倍以下我就會考慮買進。

特徵❹ 配發股票 存股更快

對於存股族來説，股票股利是「乘法」，累積股票的速度比

較快，所以我比較偏好股票股利。拿亞泥來說，2003～2015年的平均現金股利是1.61元，也就是1張股票會拿到1,610元的現金，用31.52元的平均股價來計算，可以買回51股。

2003～2015年平均股票股利是0.4元，也就是1張股票直接配發40股，除權後1張股票會變成1.04張。從上面的例子可以看出，1.61元的「現金」股利，只能買回51股；但是0.4元的股票股利就配發了40股，可見「配股」的乘法威力比較大。

但是配發股票股利，會使公司的股本變大，除非獲利能夠同時成長，否則不斷膨脹的股本一定會稀釋EPS。華碩（2357）在1993～1998年間，大量配發股票股利，最高時1張股票配發1.5張，導致EPS年年下滑，股價跟著一路下跌。亞泥的EPS並沒有因為每年的配股而下滑，表示獲利成長跟得上股本膨脹的速度，這也是配發股票股利的最重要條件。

特徵❺ 價差、股利兩頭賺

股票的報酬可以分為股利（現金＋股票）及價差兩部分，亞泥的例子，平均每年領到1.61元現金股利，以平均股價31.52元計算，報酬率是1.61÷31.52＝5.11%；因為2004年以後的股價均高於當初14.7元的買價，所以0.4元的股票股利都有填

權,報酬率就是4%。上述股利部分,報酬率就是5.11%＋4%＝
9.11%。

　　至於價差部分,從2003年的14.7元,漲到2016年6月20
日的28.1元,賺到了13.4元。這就是一個長期持有股票,然
後賺到股利及價差的好例子。買進好股票,把現金股利再投
入,真的會讓你上天堂。

$ 原則2 股票股利具有乘法效應

　　順便來講一下EPS跟股利之間的關係,EPS代表公司去年每股
賺多少錢,是進到「公司」口袋的錢;股利則是公司發放給
股東,是進到「股東」的口袋。公司賺進的EPS,通常不會全
部發放到股東的口袋。

　　2003～2015年亞泥的平均EPS是2.5元,可是平均發放的股
利是2.01元(1.61元現金＋0.4元股票),中間不見的0.49元
就是被公司保留下來,因為經營總會碰上變數,例如原物料
漲價、匯率變動、油價上漲、工資調漲……必須保留一點盈
餘才可以因應。

　　此外，如果公司想要年年成長，要蓋新工廠或併購其他公司時，需要較多的資金，就會用股票股利的方式來付給股東。亞泥平均的2.01元股利，其中的1.61元是以現金發放，投資人可以直接拿到錢；剩下的0.4元股票股利，則是用「印股票」的方式發放，股東只能領到股票，賣掉才能拿到現金，公司就把這0.4元保留下來，用來擴展往後的業務。

　　2004～2008年亞泥配發比較多的股票股利，表示那幾年需要資金來擴展業務；更重要的是，那幾年的EPS都維持既有水準甚至上升，說明公司確實有把股東的錢，拿去「賺更多的錢」，這是最好的結果。

　　從這裡，各位應該清楚我為何比較喜歡股票股利了，除了乘法的效應會加快存股速度外，也表示公司有擴展業務的企圖心，想賺更多的錢。但是，2009年後亞泥的股票股利逐漸變少，2015年就完全沒有了，表示水泥市場已經碰上瓶頸，很難一直擴展下去，如果還是一直配股票，反而會讓EPS降低，股價也就無法維持在高點。沒有公司可以一直不斷成長，所以不可能一直配發股票股利。

　　我最喜歡的投資方式，是趁公司還在成長、可以配股之際，

領取股票股利來增加持股的張數;等到將來公司變大、成長趨緩之後,儘管無法再發放股票股利,但是因為我持股的張數變多了,就算只有現金股利也很划算。

$ 原則3 重視股利再投入的威力

2015年初有一個朋友跟我説,他爸爸在60幾元的價位買進亞泥,抱了很多年卻沒有賺到錢,這句話讓我百思不得其解,因為他父親已經高齡96歲,買了很多年,而且是60幾元的亞泥,看樣子應該是在1990年代初期買的。回顧歷史資料,1990年代初期到現在,亞泥年年都有配股配息,照理説20幾年下來肯定賺翻;別忘了我前面計算的,光是2003~2015年,亞泥就賺了7.3倍。

我想,最大的原因應該是股利沒有持續投入,就是每年領到現金股利後,都很開心地花掉了。現金股利沒有持續投入,影響會這麼大嗎?來看看下頁的比較表。

現金股利「未」持續投入
● **累積張數較少**:只能靠每年的股票股利來累積張數,從10

股利有無再投資的差別						
	現金股利「未」買回			現金股利「持續」買回		
股利發放年度	年初股票張數	現金股利（元）	配股張數	年初股票張數	買回張數	配股張數
2003	10	5,000	0	10	0.34	0
2004	10	6,500	0.65	10.34	0.33	0.67
2005	10.65	12,780	0.85	11.34	0.68	0.91
2006	11.5	13,802	0.92	12.93	0.64	1.03
2007	12.42	18,633	0.99	14.6	0.54	1.17
2008	13.42	32,198	0.8	16.31	0.94	0.98
2009	14.22	25,598	0.43	18.23	0.98	0.55
2010	14.65	26,366	0.44	19.76	1.16	0.59
2011	15.09	28,665	0.3	21.51	1.14	0.43
2012	15.39	35,394	0.46	23.09	1.46	0.69
2013	15.85	26,946	0.32	25.24	1.15	0.5
2014	16.17	29,101	0.32	26.89	1.23	0.54
2015	16.49	36,280	0	28.66	1.71	0
總計	16.49	297,262	6.49	30.37	12.31	8.07

張累積到16.49張。

● **拿回現金**：總共可以領到29.7萬元現金股利，乍看之下是不少，但其實是分散在13年，每年約2、3萬元，很容易就花光不見了。

現金股利「持續」買回

● **累積張數變多**：現金股利持續買回股票，加上每年配股，發揮出「雙渦輪增壓」的威力，股票累積成30.37張，比起「股利未買回」多了13.88張，存股的速度明顯變快。

● **複利效果**：現金股利花掉後就什麼都沒有了，如果持續拿來買回股票，這些多出來的13.88張股票，每年又會發放現金和股票股利，就可以享受資產複利成長的威力。

　　投資股票賺得的現金股利，總是會不經意地花掉，像是吃大餐、買奢侈品、換手機……用各種小確幸犒賞自己，雖然可以得到短暫的幸福，但是你也喪失了「用錢去賺錢」的機會，只有靠錢去賺錢，才會利滾利，發揮驚人的複利效果。投資股票，買到績優的好公司很重要，但是更重要的是「現金股利再投入」，持續買進股票。

$ 原則4 別煩惱賣股票的問題

　　最好的投資，就是趁公司在成長的時候（發放股票、EPS成長），買進來長期持有，在這一段期間，累積股票的速度會

很快。

我的著作《6年存到300張股票》，書中的主角中信金（2891），就是一直配發股票，而且EPS也在成長。有投資人看完書之後就來問我：「中信金的股本已經達1649億元（2015年），總不能一直配發股票，如果將來股本膨脹到3000億、4000億元，還發得出來股票股利嗎？」「發不出來股票，是不是表示變差了？」

其實投資人不用過度緊張，如果中信金的股本真的膨脹到2倍的3000多億元，這過程中，我持有的300多張股票一樣會因為配股，而增加成為700張啊！就算將來每股只配發1元現金股利，我1年還是可以領到70萬元，也是挺划算的；而且股票張數增加1倍，表示我持股的成本下降一半，將來我賠錢的機率更低了。所以就算公司已經過了成長期，只要EPS穩定，現金股利也穩定，就表示這還是一家好公司。

只要現金股利的報酬率可以讓我滿意，我不會急著賣光股票，而是繼續安心領現金股利。如果哪一天我覺得這樣太過保守，也可以把每年70萬元的現金股利，轉投資到其他會成長、有配發股票股利的好公司，享受另一家公司的大成長。

投資股票多年，我越來越不愛賣股票，因為好股票真的很難得，幹嘛要殺雞取卵呢？我喜歡把好股票當成聚寶盆，每年拿它產生的現金流，持續打造其他聚寶盆。等到你的聚寶盆都可以穩穩地產生現金，聚寶盆也越來越多，未來就只要煩惱「錢花不完」的問題了！

$ 原則5 將壞學生移出存股名單

但是「存股」也不可以簡化成為「永遠不賣股票」，特別是當產業前景改變、公司獲利衰退時，我一樣會賣光股票，把資金轉進更有前途的好公司。

前面說到的亞泥，2013年後股票股利開始減少，2015年更沒有配發股票股利，我認為公司的成長可能發生停滯，就在38元附近出清亞泥的持股，之後因為中國經濟遲滯，以及亞泥跟大陸山水水泥的股權糾紛，亞泥股價持續下挫至25元附近，我運氣很好逃過一劫。

可見存股還是要適當調整，不能夠死抱不放。對我來說，亞泥取消配發股票股利，就消除了我繼續持有的誘因，因為每

年僅2元的現金股利，以股價40元來說，股息殖利率僅5%多，並不迷人。

同樣的情況也發生在我持有的正新（2105）上面，往年均發放1～2元的股票股利，可是2013年起就不再配發股票；如果以正新每年約3元的現金股利計算，70元的股價也只有4.3%的殖利率，對我來說真的太低了，因此我在70元附近開始出清正新。

亞泥和正新都是素行優良、獲利穩定的好公司，但是我依然將他們移出我的存股名單，我的判斷方式有兩個：

① **現金殖利率**：如果現金股利殖利率不高，只有4%～5%，那麼我還不如把資金拿來買進0050，或是做0056的價差！

② **股票股利**：如果有股票股利，我還可以忍受較低的現金殖利率，一旦取消股票股利，整體報酬率就會降低，有可能是在暗示公司的成長不再，所以我會先獲利了結、退出觀望。

$ 原則 6　好公司落難要見獵心喜

2015年台泥（1101）和亞泥因為中國經濟下修，以及產

能過剩等因素，EPS分別只有1.56元與1.55元，均創下近年的新低紀錄。2016年3月25日，台泥公司董事長辜成允表示，雖然大陸水泥業一直進行減產保價，但市場仍偏觀望，未來12～18個月價格不會好，但是優質中小型廠的頂讓價格比過去低廉，是台泥實現併購的佳機，台泥有機會追趕實現早先訂定的2016年產量1億公噸的目標。

　　我在2014年時以45～48元出清了台泥的持股，2016年初台泥最低跌到25.45元，又令我心動不已。2016年台泥預計配息1.33元，如果在30元以下持續買進，現金殖利率也有4.5%左右。我評估，在30元以下持續買進的話，只要撐過辜董事長說的12～18個月，在這段期間不斷逢低買進、建立大量持股，一旦景氣翻揚，就可以順利賺進股利與價差了吧？

　　好股票我喜歡採用「往下買」的策略，特別是當景氣位於谷底、股價在低點的時候，搭配微笑曲線逢低一直買進。對於多數投資人來說，買進股票之後，當然希望股價在短時間內上揚，我反而希望股價可以持續下跌，我才可以在更低點買進更多股票。我可以耐心等上幾年，不斷累積持股，只要將來景氣往上翻揚，就可以同時賺進好幾年的股利與價差。

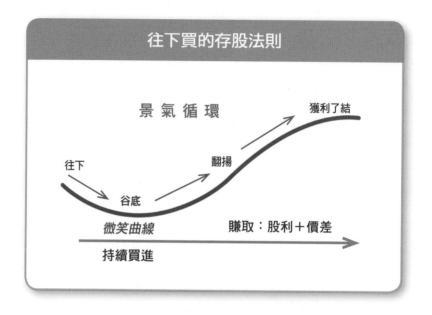

往下買的存股法則

景 氣 循 環

獲利了結

往下

翻揚

谷底

微笑曲線　　　　　賺取：股利＋價差

持續買進

　　這種操作模式，最大的缺點就是買進股票之後，產業景氣不可能馬上翻揚，因此股價還是有可能持續下跌。想要配合景氣循環來買賣股票，首先要耐得住股價下跌這件事，真的需要很大的耐心。

　　最後要提醒一下，這章是以台泥跟亞泥當例子，説明績優股該怎麼存，並非推薦喔！

投資筆記

$

每 年 多 存 300 張 股 票

第7章

進階篇

存股成功關鍵：
買到便宜價

擁有公司的股票，其實就等於擁有公司的一小部分，只要公司有獲利，就會分配股利給你。從這點來看，股票其實是「資產」，會把錢放進你的口袋。對於好的股票資產，投資人只要把它鎖進保險箱，然後用股利持續買進其他資產，就會越來越有錢。

但是現在網路科技發達，投資人可以隨時從手機看到自己的股票賺了多少，或是賠了多少，心情難免跟著上下起伏，最後就被股價給綁架了，上漲就開心、下跌就傷心！完全忘記好股票的價值，只在價格上面打轉。

股價重不重要呢？操作股票通常就是買進、持有領股利、賣出這 3 個過程。買進時當然要斤斤計較，越便宜越好；賣出的時候也要仔細討價還價，越高越好。那麼，在持有股票期間，要關心股價嗎？假設 A 股票買在 20 元，每年可以得到 1.5 元的現金股利，然後跟哆啦 A 夢借一下時光機，發現 5 年後可以在 30 元賣出，請問在這 5 年期間，當股價跌破買進的 20 元時，需要煩惱嗎？

儘管持有的時候股價下跌，但是每年都有 1.5 元股利，5 年可領到 7.5 元，也就是說，當股價跌到 12.5 元以下時，你才

會賠錢。但是因為公司持續有穩定的獲利，只要整體經濟環境轉好，股價上漲到 30 元並非難事，一旦順利在 30 元賣出，就賺進 10 元的價差，加上股利共賺入 17.5 元，總報酬率高達 87.5%，平均每年的報酬率是 17%。

　　由此可見，只要是有穩定獲利和配發股利的好股票，持有期間根本無須煩惱股價下跌，股價不漲時，就安心領股利，景氣總有一天會好轉、股價總會回升，與其煩惱股價下跌，不如在大跌時努力發現股市中的珍珠，耐心持有並忘記股價，長期持有就可以獲得不錯的報酬。在練習長期持有股票之前，最重要的還是「忘記股價」吧！

$ 練習長期投資 忘記股價

　　2015 年下半年，全球股市逐漸走向空頭，由於美國啟動升息，導致外資頻繁賣超台股，將資金匯回美國，加上原油價格暴跌，持有台股部位約 2500 億元的油元基金（產油國家主權基金），也不斷賣超台股將資金調回本國。首當其衝的是新台幣的匯率，2015 年底兌換美元貶破 33 元大關，外資持有頗

多的金融股也成為重災區，因為好賣、好變現，外資的賣壓沒有停過。

2016 年初，全球股災驟現，國外環境充滿不小的變數。看看國內，政經變數也不比國外少，2015 年台灣經濟成長率只有 0.85%，截至 2016 年 5 月的統計，出口連續 15 個月負成長，不知何時可以轉正。政治上又面臨政黨輪替，民進黨重新執政之後，兩岸之間的政策走向，會不會對台灣經濟產生新的衝擊？

以上種種國內外的不利因素，導致台股從萬點反轉直下，不少績優股的股價紛紛豬羊變色。2016 年初，重災區的金融類股中，股王富邦金（2881）的股價硬生生腰斬，從 70 元跌到 35 元，而我持有最多的中信金（2891），股價也跌到 15 元附近。不少持有金融股和中信金的投資人，內心恐慌之下，不斷地發 FB 訊息給我，也有很多好朋友，發了不少金融股產業動態給我，詢問我有何評論。

可惜，吾生性懶散……不不不，我是效法股神巴菲特，買進股票後就鎖在保險箱。既然都鎖在保險箱了，股價與我何干？股價本來就會上下起伏，投資人為何喜歡拿來煩心呢？假設 5

年內中信金的股價攻回 20 元以上，那豈不是白操心這麼多年呢？為何我不操心股價？下面 5 個原因可以說明。

原因❶ 長期投資

我投資中信金很多年，每年的配股配息會不斷地降低我的成本，成本已經低到不可考，就算股價跌到 15 元，依然高過我的成本。對我來說，只是多賺或少賺的差別，不會賠錢！如果你才剛開始存股，只要能夠耐心地長期投資，每年領到的股利一樣會逐漸降低你的持股成本。

原因❷ 降低成本

為何除權息能夠降低持股成本？假設 2015 年除權息前，用 20 元買進中信金，在中信金配發 0.81 元現金股利和 0.81 元股票股利後，成本會變成（20 － 0.81）元 ÷（1 ＋ 0.081）張 = 17.75 元，是原來 20 元的 88.75%。只要放著除權息，持股的成本就會逐年降低，總有一天會低到你不可能賠錢。

原因❸ 本業獲利

2015 年中信金的 EPS 為 2.13 元，排除掉業外收益，本業仍然比上一年度成長。既然獲利不錯，2016 年配發 0.81 元現金加 0.8 元股票，我一樣可以賺進幾十萬元的股利，所以股價

漲跌與我何干？公司一樣賺錢，股利照領，何必為了股價而自尋煩惱。

原因❹ 股價便宜是好事

對我來說，好公司的股票只存在「買太少」的問題，沒有股價下跌這個煩惱。2008 年金融海嘯期間，中信金我一路從 20元低接到 10 元，當時中信金最低跌到 7.9 元，那時候我經驗還不足，10 元以下就不敢買了，我一直後悔到現在。2015 年底股價又回到最近幾年的低點，又是我可以累積持股張數的好時機。

原因❺ 不是用我的錢買

我買進中信金的資金，大多數是其他公司給我的股利，加上中信金自己配發的股利，其實都不是我口袋裡掏出來的錢。只要中信金維持穩健的獲利，並持續配發股利，我有必要關心股價下跌嗎？

對我來說，煩惱的反而是股價不夠低。很多投資人一直問我：「中信金會不會再跌破 10 元？」說真的我不知道，但是我已經在存錢等著股價下跌了！股價不是我可以預知、控制的，同樣的，公司的發展也不是我能掌控的，中信金最近幾年

不斷對外併購，也沒有事先徵詢過我的意見，但是我相信，好公司自己會找出路。

對外併購的初期效益不可能馬上顯現，但是配股及增資造成股本膨脹卻是立即的，也就是會馬上降低每股盈餘（EPS），多多少少會對股價造成影響！但是，長期下來對公司的獲利應該有幫助。所以，我會耐心等上幾年，看看中信金每年的營收、獲利有沒有穩定上升。在等待的這幾年期間，反正每年都有幾十萬元股利可以領，我一樣可以拿來買進其他好公司的股票，股價高低又與我何干？

$ 懶人投資 只須做好 6 件事

我個人比較崇尚懶人投資術，精髓有下面 6 點：

① **挑一家好公司**：各產業的龍頭公司獲利穩定，且有配發現金股利。

② **股利持續投入**：拿股利繼續買進其他好公司的股票。

③ **逢低勇敢買**：想要增加報酬率，就要買在低點，當景氣不好、股價便宜時要勇敢去買。

④ **做好分散**：吃飯會咬到舌頭，走路會踩到狗屎，意外永遠都有。不要把全部資金單押在一支股票，也不要都集中在相同的產業。

⑤ **相信好公司**：好公司自己會找出路，不要因為一些風吹草動就賣光持股。

⑥ **長期堅持**：投資股票不要只看到短期的漲跌，而是要有耐心、持續地累積資產，一旦累積到夠多的資產，真的是想輸都難。

只要做到上面 6 點，就可以股利、價差兩頭賺，而且還賺得很輕鬆。

我比較喜歡看大方向，不喜歡研究財報這些細項，舉例來說，我的職業是教師，如果有一位學生 3 年來上學都不遲到、上課認真聽講、對師長有禮貌、成績名列前茅……我相信他將來考上好大學的機率，就會比別的同學高。我不會像研究財報般，調查他幾點回家，有沒有打電玩，有沒有交女朋友……有時候細部了解太多，反而會造成誤判。

相信好公司，是懶人投資術的精髓，我持有台積電（2330）超過 20 年，但是我從來沒有干涉過張忠謀董事長，

台積電也越來越好。我認識一個投資人，買進台積電股票後就鎖進保險箱，除了每年關心一下股利，拿股利持續投資之外，從來沒有看過台積電任何財報，持有將近 30 年，台積電帶給他上億元的財富，還有每年穩定的股利現金流。

這並不是說看財報沒有用，而是強調，好公司必須看他的大方向（競爭力），以及未來的成長格局（產業前景），畢竟財報只能看見過去。

再來看看下面這則新聞：中國信託呼應金管會主打亞洲盃政策有成，2015 年 12 月 10 日獲「台灣併購金鑫獎」肯定，除了以中國信託金控併購台灣人壽獲得「年度最具代表性併購獎」，中國信託商業銀行併購信銀國際（中國）一案則獲得「年度最具代表性併購獎」、「最佳創意併購獎」及「最佳海峽併購獎」等 3 項大獎。台灣市場就這麼大，企業一定要走出去，才會成為全球化的大公司。

我相信好公司自己會找出路，中信金對外併購前也沒有徵詢過我的意見，我就算想要關心也無從關心起！同樣的，併購會不會成功，獲利會不會成長，我現在關心也無濟於事。我一貫的投資重點就是，挑出經營績效良好的公司，股東應該煩惱股

東的事，而不是去煩惱經營階層該做的事。而且我們也只是用
新聞、財報等外部資料來評估一家公司，很容易失真。

懶人投資術是站在「相信好公司」的基礎上，優點是，挑出
好公司後，我就可以偷懶，只看大方向就好，缺點是，萬一

[便宜價、持有價、昂貴價]

長期持有股票，可以忘記股價，但是買進股票前卻要對股價
「斤斤計較」，如果可以算出股票的便宜價，就可以避免買太
貴。投資股票不外乎是在便宜時買進、持有領股利、高價時賣
出這3個過程，因此股價也有便宜價、持有價、昂貴價這3種
價位。

便宜價	持有價	昂貴價
當股價低於公司的價值，此時買進，除了可以領取股利之外，也可以賺到往後股價上漲的價差。	股價與公司的價值相近，價差空間不大，此時抱牢股票以賺取股利為主，然後等待股價上漲。	股價超過公司的價值，此時抱著領股利，殖利率也不高，還要承擔股價下跌的風險，可以考慮出清，把資金轉移到其他便宜好股。

看錯公司怎麼辦？所以，還要做好分散投資這件事，也就是拿這家公司的股利，去買進別家公司的股票，例如用台灣大（3045）的股利，去買進遠傳（4904）的股票，萬一台灣大的基地台全部中毒，客戶都跑到遠傳，我一樣會賺錢。

此外，我會謹守低價的策略，就算是好公司，我一樣會耐心等到低價再出手，此時的風險已經少掉一大半了。有時候，投資就是這樣簡單，當股價下跌時，我最大的煩惱就是沒錢買，再來就是煩惱股價不夠低。我都是用股利來買進股票，反正都不是我辛苦上班賺來的錢，我幹嘛煩惱股價呢？

$ 打敗心魔 紀律最重要

計算股價通常很容易，只可惜人是感情的動物，往往低價時不敢買、高價時又捨不得賣，一再錯失賺錢的時機。我常常說：「投資股票是跟自己的戰爭。」唯有堅守紀律，在該買的時候買、該賣的時候賣，才可以打敗自己的心魔。

早期我在投資股票時，儘管事先做了很多研究，往往等到股價跌到我預設的買進價位時，一方面因為貪心想要再等一下低

點，另一方面又因為恐懼，怕公司是不是出狀況而不敢買進，結果就是錯失低價買進的時間點；當股價大漲時，又因為想要賣在更高的價位，或是怕賣得太便宜被朋友嘲笑，又錯失高價賣出的大好機會。

這樣慘痛的經驗一再歷史重演，最後讓我體會到紀律的重要，要怎麼做到有紀律？

方法❶ 預先設定

為什麼在高點時不敢賣出？因為關心則亂、當局者迷，天天看著股價上上下下，反而無法靜下心來做決定。人只有在冷靜的時候才能做出最好的決策，最好的方法是事先計算出將來要買進或賣出的價位，比如在買進之後就預設好將來要賣出的價位，這樣「預先設定」的價位最客觀，完全沒有被情緒干擾。

方法❷ 有紀律地執行

計算出股價後，只要到了設定的價位，絕對不要管當天的股價走勢，一定要有紀律地執行，絕對不可以三心二意，不然只會功虧一簣。

預先設定並有紀律地執行，才可以克服股市的心魔，現在手機有很多 App，也有網路預約下單的功能，可以提供不少協

助。我的習慣是先計算出股票的價位，假設我想在 75 元買進

鴻海（2317）的股票，我會先在 App 中設定，當鴻海股價達

到 75 元時，App 會主動提醒，然後就有紀律地買進。

　　如果我當天因為在上課或是有事，因而錯失買進時機，就會

用手機設定隔天的預約單，隔天開盤後就會主動買進，目的就

是避免隔天開盤，心情跟著股價起伏而不知所措。所以，事先

計算出股價、使用 App 提醒、下預約單，成為我避開人性弱

點的 3 大法寶。但是最重要的還是計算出合理的股價，本益

比便是我最常用的指標之一。

$ 善用本益比 算出好公司的便宜價

公式　**本益比＝股價 ÷EPS**

　　本益比算是投資股票時最常用、也最簡單的指標，是用來判

斷股票是便宜或昂貴的指標。從計算公式來看，本益比是投

入成本（股價）和每年收益（EPS）的比例，也就是未來每賺

1 元的收益，需要投入幾倍成本，舉例來說，如果投資 10 萬

元，每年能拿回 1 萬元，本益比就是 10 倍。

股價有高有低，因此本益比也是會上上下下，而且不同產業有不同的本益比。一般認為，合理的本益比是 15 倍，我的習慣是在本益比 10 ～ 12 倍時買進，但是如果遇到金融風暴，會下修到 8 ～ 10 倍才買進，而當本益比超過 20 倍時就可以考慮賣出。

用本益比來評估買賣的價位，只是一個很概略的標準，但是依我過去經驗來看，在低本益比時買進好公司的股票，往往是最好的策略。

策略❶ 耐心等待

好股票通常不容易有很低的本益比，此時就需要一點點耐心，當系統性風暴蔓延之際，例如 2009 年金融海嘯肆虐時，台股大盤的本益比只有 9.05 倍，實在非常低，當時有很多好股票的本益比都在 8 倍以下。

策略❷ 分散投資

金融風暴時，勇敢買進低本益比的便宜好股票，同時做好分散投資，買進不同產業的股票，就可以把風險降低。

策略❸ 買績優龍頭股

除了低本益比和分散投資之外，如果能夠買進績優龍頭股，像是在金融海嘯時買進台泥、台塑、中華電、台積電、富邦

金、中信金……等績優龍頭股票，不僅每年有穩定的股利可以領，而且完全不用去研究個股。耐心等到景氣回升，股利和價差兩頭賺，長期投資下來的報酬率很驚人。

在使用本益比評估股價高低時，可以參考個股過去幾年的本益比，在靠近歷史低本益比時買進，在歷史高本益比時賣出，這種操作策略很適合用在大型的牛皮股，以及在長波段順著景氣循環來操作。以下用第一金（2892）在 2010 ～ 2015 年的本益比來說明，2009 年金融海嘯是全球性因素，並非公司治理上的缺失，因此排除該年的本益比數據，以免失真。

第一金（2892）歷年本益比

年度	股價（元）			EPS（元）	本益比		
	最高	最低	平均		最高	最低	平均
2010	27.35	15.8	19.1	1.09	25.09	14.5	17.52
2011	27.55	16.1	22.7	1.08	25.51	14.91	21.02
2012	19.7	16.2	17.6	1.25	15.76	12.96	14.08
2013	19.4	16.8	18	1.26	15.4	13.33	14.29
2014	20.9	17.7	18.5	1.52	13.75	11.64	12.17
2015	19.85	14.85	17.4	1.55	12.81	9.58	11.23
平均	22.46	16.24	18.88	1.29	17.39	12.57	14.62

觀察❶ 股價便宜

從上頁表可以發現，第一金本益比有逐年下滑的趨勢，本益比下滑有 2 個原因：股價下跌或 EPS 上升，從資料中可以看出，第一金的 EPS 是逐年上升，表示股價有被低估的情況，加上公司仍穩定發放股利，此時的股利殖利率也會比往年高。

觀察❷ 預估 EPS

如果要等到年度結束，公司公告該年度的 EPS 後再來買股票，可能會錯失低價的買點，因此必須學會預估目前的 EPS。以 2015 年底為例，由於當時第一金第 4 季的 EPS 尚未公告，只能用「最近 4 季」的 EPS 來預估（上網可以查到資料），算出來 EPS 為 1.47 元（2015 年第一金實際 EPS 為 1.55 元）。這裡是用最近 4 季來當範例，讀者也可以採用最近 12 個月的資料，原理相同。

預估第一金的 EPS				單位：元
2014年	2015年			合計
第4季	第1季	第2季	第3季	
0.26	0.44	0.38	0.39	**1.47**

資料日期：2015/12/31

觀察❸ 算出本益比

　2015 年 12 月 31 日，第一金的收盤價為 15.3 元，最近 4 季的 EPS 為 1.47 元，本益比＝ 15.3÷1.47 ＝ 10.41，低於最近 5 年最低平均值 12.57，可以初步判斷，當時股價偏低。

觀察❹ 計算價格

　計算出 3 種價格來參考，發現 15.3 元的股價低於歷史平均的便宜價。如果在 15.3 元買進，2016 年 6 月 8 日股價為 17 元，報酬率達 11.1%。

便宜價	持有價	昂貴價
EPS×最低平均本益比＝	EPS×平均本益比＝	EPS×最高平均本益比＝
1.47×12.57＝	1.47×14.62＝	＝1.47×17.39＝
18.48元	**21.49元**	**25.56元**

⑤ 本益比的前世、今生與來世

　用本益比可以判斷一家公司的股票現在是不是便宜價，前面說過，股價有高有低，本益比也會上下起伏，因此算出一家公司的本益比後，最好還要了解一下過去、現在及未來的本益比，才不會做出錯誤的決策。

公式 **過去本益比＝股價 ÷ 前一年 EPS**

　　通常我們在報紙上看見的「交易所本益比」，就是屬於過去本比。拿台新金（2887）來舉例，2015 年 12 月 31 日收盤價是 11.4 元，但是當時 2015 年的 EPS 尚未公告，因此只能用 2014 年 0.08 元的 EPS 來計算，本益比高達 11.4÷0.08 ＝142.5 倍，明顯脫離現況，所以過去本益比屬於落後指標，要小心別被誤導。

公式 **現在本益比＝股價 ÷ 前 4 季 EPS**

　　拿 2015 年 12 月 31 日的台積電（2330）來做例子，當天收盤價為 143 元，前 4 季 EPS 加起來為 12.1 元，本益比＝143÷12.1 ＝ 11.82。用這個方式計算出來的本益比，比較接近現況，但是依然只是反映過去的業績，無法看出下一季的本益比。

台積電（2330）前4季獲利				單位：元
2014年	2015年			合計
第4季	第1季	第2季	第3季	
3.09	3.05	3.06	2.9	**12.1**

資料日期：2015/12/31

公式　**未來本益比＝股價 ÷ 預估未來年度 EPS**

　　想要用本益比來預估股價，首先要知道一個大前提：股價反應的是未來。所以，討論現在、過去的本益比，其實並無太大意義，因為都是過去式。套句基金的廣告名言：「過去的績效，並不代表未來的獲利，投資人仍應審慎評估……」過去式永遠僅供參考。

　　唯有預測未來一年的本益比，才能預估現在的股價是便宜還是過高？想預估未來的本益比，需要勤讀資料，研究公司及產業動態，才能順利推估未來的盈餘。那麼要如何預估未來的本益比？對於獲利穩定成長的公司，可以用過去 2、3 年的成長率來推估，例如公司前 2 年都穩定幫你加薪 5%，那麼是不是可以預測明年的薪水，一樣會成長 5% 呢？

　　以下用聚陽（1477）當例子說明，在 2015 年底時仍無法知道該年度的 EPS，但因為聚陽最近幾年的 EPS 均穩定成長，2013 ～ 2014 年平均成長幅度為 15.9%，因此預估 2015 年的 EPS，也會較 2014 年成長 15.9%，推估出來的 EPS ＝ 9.62×（1 ＋ 15.9%）＝ 11.15 元。

　　此外，聚陽 2015 年前 3 季的 EPS 為 8.59 元，也可以用來

聚陽（1477）EPS 成長率					
年度	EPS（元）	EPS成長（元）	EPS成長率（%）	年均價（元）	本益比
2013	8.02	0.85	11.9	141	17.6
2014	9.62	1.6	20	157	16.3
2015前3季	8.59	—	—	237	21.3
平均	—	1.23	15.9	178	18.4

資料日期：2015年12月

預估當年的 EPS 為 11.45 元（8.59 元 ÷3×4），跟上述預估值沒有差太多。那麼，要採用哪個數字呢？由於有些公司會在第 4 季打消呆帳（例如金融業），因此用前 3 季來推估全年獲利就有可能會失真，我比較喜歡用年成長率的預估方式，也就是 11.15 元的 EPS，而且為了避免過度樂觀，我也習慣放棄較高的數值（2015 年實際 EPS 為 10.9 元）。

如此一來，2015 年的本益比為 237 元 ÷11.15 = 21.26。從聚陽可以看出本益比有以下特性。

特性❶ 本益比較高

聚陽可以稱為小型成長龍頭股，股本只有 19.8 億元，獲利年年成長，且在紡織產業屬於領先龍頭，主要產品（成衣）屬

於民生消費必需品，因此獲利穩定。這類型公司，市場願意給予較高的本益比，堅持在低本益比買進，可能買不到股票。

特性❷ 具可預測性

基於上述說明，聚陽屬於價值型的績優股和成長股，獲利具有可預測性，使用本益比法來操作股票，獲利機率比較高。

特性❸ 調整本益比標準

當公司獲利成長時，就必須上調本益比。2014 年聚陽的 EPS 成長率高達 20%，超越 2013 年的 11.9%，因此，有必要在 2015 年將本益比從以往的 17 倍附近往上調。2015 年聚陽股價最高達 300 元，本益比接近 30 倍，如果拘泥於 17 倍本益比，反而有可能在低價時賣出股票。相反的，如果觀察到成長力道轉弱，也要下修本益比，並趁機在高點時賣出股票。

舉例來講，2015 年可成（2474）的獲利大放異彩，前 3 季的 EPS 分別為 6.04、6.81、10.58，市場預期全年獲利可望達到 30 元，股價在當年 7 月衝上 402 元的歷史天價。

2016 年 1 月 6 日，可成在法說會宣布下修資本支出，引發外資質疑公司的成長力道將不如以往，紛紛降評並下修目標價，當天股價重挫跌停在 226 元，自高點往下的跌幅超過 4

成。儘管是 1 年賺 30 元 EPS 的好公司，本益比卻跌到 7 倍附近，就是因為懷疑未來的成長力道轉弱，市場明顯不買單。

低本益比並非買進股票的萬靈丹，當本益比變低時，首先要觀察，那是股價便宜，還是 EPS 往下滑？如果是因意外因素導致股價下跌，但是公司的獲利仍穩定成長，這時的低本益比才有意義。如果是獲利衰退導致 EPS 往下滑，這時的本益比再低也沒有意義，這種股票少碰為妙。

$ 設定安全邊際 替股價買保險

當股價低於便宜價時，就可以直接買進嗎？數字是死的，股市是活的，必須隨著局勢調整。首先來介紹一下「安全邊際」這個觀念，如果你要把昂貴的 iPhone 放在桌子上時，儘管放在桌子邊緣也不會掉下去，但是放在離邊緣有段距離的位置，你才會安心吧？

假設距離 30 公分好了，這段距離就是你心目中的安全邊際。但是手機要離桌緣幾公分才安心？每個人的危機意識不同，對於風險的忍受程度也不同，所以沒有絕對的標準。可以

肯定的是，有設定安全邊際，一定比較安全。

安全邊際也可以用在預估股價上面，假設一支股票的價值是100元，耐心等到打8折，80元時才出手，這時就有了20元的安全邊際。把安全邊際設定得越高，買進股票後當然就會越安全，但可能不容易等到買進的機會。

安全邊際也要隨著股市氣氛來調整，天下太平的時候可以設得小一點，例如20%以下；當國際動盪，像是在SARS、金融海嘯、歐債危機時，一定要多設一點，至少50%以上才安全。例如2008年金融海嘯時，鴻海最高價是202元，最低價是52.6元，差距非常大，如果安全邊際設得太小，就可能買到太貴的股票。

以下來看看，將第一金的安全邊際設為20%（打8折），3種股價會是如何。打8折後，便宜價是14.79元，可見在15.3元買進時已經是相對便宜了，此時距離便宜價的安全邊

第一金 3 種安全邊際價格					單位：元
未設安全邊際			安全邊際**20%**（打8折）		
昂貴價	持有價	便宜價	昂貴價	持有價	便宜價
25.56	21.49	18.48	20.45	17.19	14.79

際是（18.48 － 15.3）÷18.48 ＝ 17.2%。2015 年底，金融股受到央行降息、TRF 預估損失等利空因素干擾，股價往下走，此時設定 20% 的安全邊際，就會比較貼近真實的股價。

　　第一金屬於政府的公股銀行，股價通常比較硬，所以不能設太高的安全邊際。2016 年 1 月 21 日第一金股價最低來到 14.15 元，低於採用 20% 安全邊際的便宜價 14.79 元，此時就可以勇敢買進。此後股價開始往上回升，2016 年 6 月 8 日收盤價為 17 元，波段漲幅達 20%。由此可見，買進股票前還是要審視國際情勢，並設定適當的安全邊際，才能買在低點。

$ 殖利率與本益比的不同

　　不少專家崇尚用殖利率來買股票，殖利率跟本益比有何不同？以下是我個人淺見，我用第一金 2015 年度配發 0.7 元現金加 0.65 元股票為例，該年度第一金平均股價為 17.4 元。

差別❶ 獲利和股利

　　本益比是用 EPS 來計算，殖利率則是用股利來計算。第一金 2015 年度發放的股利，來源是 2014 年 1.52 元的 EPS，股利

[金錢、時間、安全邊際]

我曾經聽建商講過一句名言：「有錢人用錢換時間，窮人用時間換錢。」意思是說有錢人付出更高的房價，住在市中心可以節省上下班的時間；窮人只能住在郊區，用通勤時間來換取比較便宜的房價。我還蠻同意這個說法，不是說我們要看不起窮人，仇富往往於事無補，反而是要努力讓自己變成有錢人。我覺得這個說法，也可以應用在投資理財上面。

用時間來換錢	用錢來換時間
對於資金少的人來說，必須善用手上的錢，我的建議是將安全邊際設高一點，就有機會買到更便宜的股票，增加獲利的報酬率，優點是可以避免被套在高點，缺點則是只能慢慢等待機會，用時間來換錢。	資金充足的人金錢壓力較小，萬一被套牢也可以安心領股利，如果想要抓緊時機，利用快速進出賺取獲利，就必須降低安全邊際，才可以增加買進的機會，用錢來換時間。

就算是同一支股票、相同的操作策略，往往因為每個人的資金、對風險承受度等因素不同，而有不同的安全邊際與操作方式。投資股票並沒有統一的標準，只能隨機應變，並發揮出自己的優點。

則是現金股利＋股票股利＝ 0.7 ＋ 0.65 ＝ 1.35 元。

差別❷ 股票股利

計算殖利率時，現金殖利率＝現金股利 ÷ 股價＝ 0.7÷17.4 ＝ 4.02%。比較麻煩的是股票股利，通常有下列 3 種講法：

① **跟現金股利一樣：**也就是 0.65÷17.4 ＝ 3.74%，因此總股利殖利率＝ 4.02% ＋ 3.74% ＝ 7.76%。

② **股票填權：**股票股利填權的話，0.65 元就是 6.5%，因此總股利殖利率＝ 4.02% ＋ 6.5% ＝ 10.52%，明顯較高。

③ **只算現金：**有些投資人完全忽略股票股利，因此總股利殖利率為 4.02%。

差別❸ 盈餘分配率

本益比是用 EPS 來計算，是公司賺進的錢；殖利率計算的是股利，是發放到股東口袋的錢。所以在用本益比評估時，還要參考盈餘分配率，前面説到第一金賺進 1.52 元的 EPS，然後分配 1.35 元的股利，盈餘分配率＝ 1.35÷1.52 ＝ 88.8%。如果盈餘分配率過低，表示公司把獲利保留下來，沒有跟股東分享。

最後再一次強調，投資股票並沒有一套放諸四海皆準的理

論，要用何種方法來評估，還是看讀者自己的功力和喜好。

我個人的淺見是這樣，本益比適合全部股票的分析，但是殖利率則比較適合只發放現金股利的公司，例如中華電（2412）、台泥（1102）、台積電（2330）。

至於關鍵的股票股利，要如何計算殖利率呢？上面列了3種方式，可以依照個人偏好使用；但是要記住，投資最重要的是心態，而非數字遊戲。然後還要提醒讀者，殖利率是用去年的獲利來計算，算是落後指標，所以就不要一直鑽牛角尖了。

我個人的原則是：悲觀的時候要樂觀，樂觀的時候要悲觀，當股價很低的時候（悲觀），我會假設股票股利將來會填權（樂觀）；而當股價飆高（樂觀）之際，我會把股票股利當成現金股利，甚至完全忽略（悲觀）。股價悲觀的時候要有樂觀的心態，才會勇敢搶進好股票；股價樂觀的時候反而要謹慎，才不會樂極生悲。

正確的心態往往比理論、計算式、數字……重要，有位投資大師説，他的哲學就是買進好公司股票，然後「躺著賺」，這個就是我説的心態。低價買進好股票，相信優秀的公司，不要看股價，安心領股利，持續買進好股票……當然是躺著賺。

我如何
買進金融股？

攤開金融股的財報，最近 10 年來的獲利都很穩定，並且持續配發股利，而且台灣的政商環境不允許銀行倒閉（只會被併購）。截至 2016 年，金控公司的股價便宜，不少大型金控的股價在 20 元之下，投資人只要好好存上 1、2 個月的錢，就可以買進 1 張來存股，所以金融股受到不少投資人的青睞。

雖然統稱為金融股，但是不同的金控公司擁有不同業務，如銀行、壽險、證券等，性質不同，也有不同的股票操作方式。不過萬變不離其宗，想要從股票賺到錢，不外乎是從股利和資本利得（價差）兩方向著手，而股利又可以區分為現金股利和股票股利兩種，以下就來說明，我如何操作不同特性的金融股。

$ 方法 1 做價差 賺取資本利得

在賺取資本利得方面，我以華票（2820）和兆豐金（2886）這兩家金控公司舉例說明，該如何做價差。

華票（2820）

華票從 1992 年成立至今，僅有 2001 年賠過錢，而且從

華票（2820）近年股利政策		
股利發放 年度	現金股利 （元）	年均殖利率 （％）
2009	0.89	10.40
2010	0.86	9.35
2011	0.81	7.68
2012	1.50	13.20
2013	0.80	6.93
2014	0.70	6.12
2015	0.72	6.28
2016	0.83	6.91
平均	0.89	8.36

2001年開始，只配發現金股利，完全不配發股票股利。2009年金融海嘯結束後，每年的現金股利都很穩定，年平均股息殖利率很不錯，高過中華電（2412）。

這支股票看起來很適合當定存股，安心領股利的報酬比定存好很多，但是政府近年來陸續在股利上面實施健保補充費、稅額扣抵減半等措施，呆呆領股利需要繳交更多稅，對於高所得者實在不利。那麼，有更好的操作方式嗎？由於政府在2016年廢除了證所稅，最好的節稅方法就是做價差，因為只需要繳

華票價差報酬率				
年度	股價（元）		價差（元）	報酬率（%）
2009	除息後	8.76	0.89	10.2
2010	除息前	9.65		
	除息後	8.38	4.42	52.7
2011	除息前	12.8		
	除息後	8.9	4.35	48.9
2012	除息前	13.25		
	除息後	10.4	1.9	18.3
2013	除息前	12.3		
	除息後	10.7	1.2	11.2
2014	除息前	11.9		
	除息後	11.1	0.85	7.7
2015	除息前	11.95		
	除息後	10.65	1.85	17.4
2016	除息前	12.5		
	除息後	12.0	1.9	15.8
2017/03/16	除息前	13.9		

資料日期：2017/3/16

　　交證交稅與手續費，不用繳交所得稅。

　　我觀察華票很多年，發現除息後的股價通常是波段低點，在往後 1 年中，股價會緩步往上走向填息路。如果不參加除

息，而是在除息後找低點買進，在隔年除息前用高價賣出，獲利通常高過參加除權息。從上表可以看出，有幾年的價差報酬率居然高達 50%，8 年平均報酬率也有 22.8%，大幅領先 8.36% 的平均股息殖利率。

不過請注意，表格中的股價是挑選波段的最高及最低價，只能算是理想值。實際操作時則要看個人功力。但是就算是打對折，8 年平均報酬也有 11.4%，仍然大勝放著領股利。

我的操作習慣是，當股票除息後，就逢低往下加碼（微笑曲線＋三角形買進），平均下來就會買在相對低點；當價差賺到該年度的股利之後，逢高慢慢出脫（哭臉曲線＋倒三角形賣出），平均下來會賣在相對高點（操作方式見第 11 章）。如此一來，做價差的利潤就會高過股利，價差還不用繳所得稅。

兆豐金（2886）

兆豐金目前是公家金控中獲利最優秀的模範生，2015 年稅後淨利高達 294 億元，EPS 為 2.35 元，大幅超過其他公股金控。照理說，兆豐金獲利優秀，又具備公家銀行不會倒閉的特性，偏偏我沒有選它當定存股，原因就在於，我對它的現金股利不甚滿意，平均殖利率約 5%，比上述的華票還要低一些。

兆豐金（2886）近年股利政策					
股利發放年度	現金股利（元）	股票股利（元）	年均殖利率（%）	股價（元）	
				最高	最低
2010	1	0	5.22	22.8	16
2011	0.9	0.2	4.77	29.55	17.6
2012	0.85	0.15	4.56	24.5	18.95
2013	1.1	0	4.57	25.9	22
2014	1.11	0	4.51	27	22.6
2015	1.4	0	5.64	28.5	20.9
2016	1.5	0	6.72	24.8	19.05
平均	1.12	0.05	5.14	26.15	19.59

說明：統計至2016/6/13

　　而且我比較偏好股票股利，偏偏兆豐金最近幾年都不配發股票，因此被我棄選。為何兆豐金沒有配發股票？我想關鍵是股本高達1360億元（2016年初），配發股票會導致股本膨脹，若是獲利速度沒跟上股本膨脹速度，就會稀釋EPS影響股價。

　　兆豐金的EPS從2009年的1.3元，穩定成長到2015年的2.35元，可見不配發股票股利，控制股本膨脹的策略奏效。

　　儘管我沒有存兆豐金，但是因為獲利穩健，可以從中找到投資獲利的方法。仔細看看最近幾年兆豐金的股價走勢，幾乎都在

22～25 元區間遊走，因此我的習慣是當股價接近 22 元時開始買進，等待股價超過 25 元就逐步脫手，大概每年都有一次操作的機會，一次就可以賺進 3 元，也就是 13.6% 的價差，不無小補。

2016 年初兆豐金跌破 20 元，最低來到 19.05 元，本益比只剩下 8.1 倍，如果相信它的高獲利與不會倒閉等優點，買進後不到 2 個月的時間，股價就重新站上 23 元，短線漲幅高達 20.7%。

兆豐銀有超過 1.8 兆元的放款量，其中有約 7000 億元來自海外，而且有超過 9 成是以美元計價，2015 年底美國聯準會升息，兆豐金成為法人最看好的受惠概念股。獲利穩定，加上政府不可能讓兆豐金倒閉，所以我敢把很大部位的資金放在這裡做價差。萬一不慎被套住，每年也有約 5.14% 的股利報酬率，實在是進可攻、退可守的好股票。當兆豐金跌破 20 元時，真的是非常好的買點。

$ 方法 2 放著存 加快張數累積

投資理財的前期，我的重點在於累積股票張數，只要股票張數夠多，就算完全不操作、呆呆放著領股利也划算。例如只要

存到 1000 張兆豐金，每年就可以安穩領 100 多萬元股利，
所以重點還是在於，如何快速累積股票張數。

　　前面介紹了 2 支金融股做價差的操作方式，但是實際操作起
來還是要看個人的經驗與功力！如果挑到「會自動成長」的股
票，可以完全放著不理會，股票就會自己乖乖長大，這豈不是

中信金、第一金張數累積績效

股票	股利發放年度	年初股票張數	均價（元）	現金股利（元）	獲得現金（元）	買回張數	股票股利（元）	配股張數
中信金 2891	2010	10	18.7	0.64	6,400	0.34	0.64	0.64
	2011	10.98	22.4	0.73	8,017	0.36	0.72	0.79
	2012	12.13	17.8	0.4	4,852	0.27	0.88	1.07
	2013	13.47	18.6	0.71	9,564	0.51	0.7	0.94
	2014	14.93	20.1	0.38	5,673	0.28	0.37	0.55
	2015	15.76	20.7	0.81	12,768	0.62	0.81	1.28
	2016	17.66		平均每年張數成長率：**9.95%**				
第一金 2892	2010	10	19.1	0.5	5,000	0.26	0.25	0.25
	2011	10.51	22.7	0.3	3,154	0.14	0.6	0.63
	2012	11.28	17.6	0.4	4,513	0.26	0.6	0.68
	2013	12.21	18	0.45	5,497	0.31	0.65	0.79
	2014	13.31	18.5	0.5	6,657	0.36	0.7	0.93
	2015	14.61	17.5	0.7	10,224	0.58	0.65	0.95
	2016	16.14		平均每年張數成長率：**8.31%**				

更好的投資方式？

　　想要增加股票成長的速度，股票股利是重要關鍵。來看看上頁表格，我拿私人金控的中信金（2891），以及公股金控的第一金（2892）來統計，並且將每年領到的現金股利，用該年度的均價持續買回股票。假設在 2010 年各買進 10 張，到了 2016 年初，中信金會累積到 17.66 張，平均每年增加 9.95%；第一金則會累積到 16.14 張，平均每年增加 8.31%。

　　為了要看出「累積張數」的好處，我拿中華電（2412）這個績優龍頭股來做比較，中華電具有不少投資達人喜愛的特色：寡占、龍頭、民生必需、不受景氣影響、獲利穩定、只配

中華電張數累積績效								
股票	股利發放年度	年初股票張數	均價（元）	現金股利（元）	獲得現金（元）	買回張數	股票股利（元）	配股張數
中華電 2412	2010	10	66.1	4.06	40,600	0.61	0	0
	2011	10.61	96.2	5.52	58,590	0.61	0	0
	2012	11.22	92.2	5.46	61,279	0.66	0	0
	2013	11.89	94.1	5.35	63,600	0.68	0	0
	2014	12.56	93	4.53	56,914	0.61	0	0
	2015	13.18	97.7	4.86	64,034	0.66	0	0
	2016	13.83	平均每年張數成長率：**5.55%**					

發現金股利，而且很難倒閉。

一樣在 2010 年初買進 10 張，到了 2016 年初，中華電會累積到 13.83 張，平均每年增加 5.55%。可以明顯看出，累積效果不如「會配發股票」的金融股。

張數比較少，領到的股利會不會變少？假設在 2010 年，分別投入 100 萬元買進中信金、第一金、中華電，以當年度均價計算，依次可以買進 53.48 張、52.36 張、15.13 張，然後在 2016 年初會累積到 94.43 張、84.51 張、20.93 張。接著用 2016 年的股利，來估計 2016 年領到的股利價值，結果中信金與第一金均勝過中華電（見下表）。

中信金、第一金、中華電存股累積績效

股票	中信金	第一金	中華電
2010年張數	53.48	52.36	15.13
2016年初張數	94.43	84.51	20.93
2016年均價（元）	16.2	15.7	107
2016年現金股利（元）	0.81	0.95	5.49
2016年股票股利（元）	0.8	0.45	0
配發現金（元）	76,488	80,285	114,906
配發股票	7.55	3.8	0
股利總價值	198,798	139,945	114,906

或許讀者會以為，第一金與中華電的金額差距不大，其實原因有二。首先，2010 年時中華電的股價平均為 66.1 元，可以買進較多張數，增加往後累積速度，但是最近幾年投資人發現中華電的優點，爭相買進後，推高了中華電的股價。如果是用 2016 年 4 月 7 日 108.5 元的價位買進，投資的效益就只有前面的 60.9%，股利總價值只剩下 69,978 元（114,906×60.9%）。其次就是，中華電的盈餘分配率比較高，也就是將較大比率的盈餘，拿出來跟股東分享。

　　盈餘分配率越高，表示公司越照顧股東的權益，願意把經營公司的成果與小股東共享。但是這也是兩面刃，如果公司將盈餘都

中信金、第一金、中華電盈餘分配率 單位：%			
股利發放年度	中信金	第一金	中華電
2011	110	82.6	112
2012	79.5	92.6	90.4
2013	85.5	88	104
2014	50	95.2	88.4
2015	62.8	88.8	97.5
2016	76.7	90.3	99.4
平均	**77.42**	**89.58**	**98.62**

[股票股利沒了，該賣股嗎？]

很多投資人問我，一旦中信金未來失去成長動能，不再配發股票股利，該怎麼辦？其實，一家公司不可能無限度成長下去，所以也不可能一直配發股票股利，因此我也做好了因應計畫：

盡快累積張數

趁公司還在成長、還在配發股票股利時，多利用股票股利累積張數。

股價便宜要開心

很多人看見股價下跌，心情也跟著往下掉，其實當股價便宜時，表示你可以用相同的錢買更多股票，反而是好事一件。

現金股利也划算

只要張數變多，就算將來像兆豐金那樣只發放現金股利，還是可以領到很多錢！要知道，股利的多寡只跟股票張數有關，跟股價高低無關。如果中信金配發1.4元現金股利，不管股價是24元還是17元，1張股票就是可以拿到1,400元。一家好公司的股票，你應該關心的是自己持有的張數太少，而不是股價太低。

潛在價差

景氣會波動，金融股通常幾年就會大漲一次，只要張數變多，逮住大漲的機會一次出清，獲利也會更大。

另起爐灶

每年拿現金股利繼續買進其他正在成長，而且有配發股票股利的好公司，也可以繼續開啟下一階段的大成長。

分配出去，也就沒有多餘的錢來擴展業務，未來成長性會受限。

⑤ 方法3 大型壽險金控4大技巧賺價差

富邦金（2881）和國泰金（2882）已是國內「大到不能倒」的金融獲利怪獸，來看看下面這則新聞：

「財政部所屬的台灣金控、第一金控、華南金控、合庫金控、兆豐金控這5大金控，2014年合計的獲利，居然比不上富邦金及國泰金兩家民營金控。依2015年前3季的統計資料，富邦金及國泰金合計的稅前盈餘高達1300億元，已經超越2014年的全年獲利；但是同一期間，5大公股金控的合計獲利只有約720億元，與富邦金及國泰金的差距越來越大。」

私人金控獲利大暴衝，確實值得公股金控見賢思齊，那麼這2家全台灣最賺錢的壽險金控是否適合投資呢？先看一下最近幾年的數據。

從下頁表格可以明顯看出，每年的股利並不迷人，這也是我不想存這兩家公司的最主要原因。根據新版《巴塞爾協議》（Basel II），銀行必須逐年提高資本適足率，因此會減少發放

股利發放年度	富邦金（2881）					國泰金（2882）				
	股價			股利		股價			股利	
	最高	最低	平均	現金	股票	最高	最低	平均	現金	股票
2011	48.8	28	38.5	1	0.5	55.4	28	41.6	0.6	0.2
2012	36.15	27.6	31.6	1	0.5	37	27.8	31	0.5	0.5
2013	44.25	34.85	40.7	1	0	48.85	31.15	41	0.7	0.68
2014	51.9	38.85	45.4	1.5	0	54.1	42.1	47.3	1.5	0.5
2015	69	45.5	56.2	3	0	56.5	38.6	48.8	2	0
2016	45.05	34.7	38.7	2	0	44.45	33.6	37	2	0

富邦金、國泰金近年股利政策 單位：元

現金股利，保留部分獲利來強化資本，尤其是壽險公司，結果造成現金股利殖利率偏低，一些中長期的海外資金，如退休基金、壽險資金就不太樂意長期持有，導致股價不如預期。

2015 年，富邦金和國泰金的 EPS 高達 6.22 元和 4.57 元，但是卻都只配發 2 元的現金股利，在 2016 年初的股價也只有 3 字頭，本益比實在非常低。縱然股利不如人意，但是這兩家公司畢竟是國內的金控龍頭，還是很受投資人歡迎。所以，還是來説一下兩家公司的特性，以及我個人的操作習慣。

特性❶ 兄弟同心

縱橫台灣商界數十年的台塑集團，最為人津津樂道的是，王

永慶、王永在兩位創辦人分工合作、緊密配合,「兄弟同心、
其利斷金」造就了台塑王朝。同樣的,富邦金控的蔡明忠、蔡
明興兄弟一直堅持分工不分家,合作無間,互補性十足,富邦
集團的獲利一直穩定上升。

反觀,國泰金集團中,除了太子蔡宏圖之外,有哪個兄弟在
跟他一起打拼? 2009 年金融海嘯肆虐,三阿哥蔡鎮宇班師回
朝、努力進行改革,轟轟烈烈大幹 1 年多後,兄弟之間的關
係卻是越來越緊張,最後蔡鎮宇賣光股票,走向分家之路。

對投資人來說,公司領導人能夠互信、團結一致是最重要的
無形資產,富邦金最近幾年的 EPS 均超越國泰金,就是「兄弟
同心」最好的驗證。

特性❷ 老闆跟小股民一起

2010 年蔡鎮宇將所有國泰金股權,全部轉讓給蔡宏圖,據
傳當時賣股的金額超過 800 億元,蔡宏圖因此必須跟銀行團
聯貸 600 億元應急,馬上從「首富」變成「首負」。當時,
沒有人比蔡宏圖更關心國泰金的獲利和股價,如果股價太低,
他就必須增加質押股票的張數,如果國泰金沒有獲利,他就沒
錢繳交貸款和利息!

負債 600 億元，每年光是利息就至少要 12 億元，錢要從哪裡來呢？我觀察到一個現象，2010 年國泰金的 EPS 是 0.42 元，可是隔年卻配發 0.6 元現金加 0.2 元股票股利，合起來就是 0.8 元。

賺得少卻配得多，為什麼呢？對蔡宏圖來説，現金股利可以拿來繳貸款利息，股票股利可以增加他的股票抵押張數，從這個小動作來看，「首負」真的缺錢了。如果未來要順利還清 600 億元的欠債，最根本的源頭還是國泰金每年配發的股利。如果你是蔡宏圖，會不會盯緊國泰金的獲利呢？

果不其然，國泰金的 EPS 從 2010 年低點的 0.42 元，逐步成長到 2015 年前的 4.57 元，蔡宏圖又逐漸從「首負」回歸成「首富」了。我在 2011 年發現國泰金獲利已經於谷底反彈，而且「首負」明顯會跟小股民同甘共苦，便在部落格分享這個資訊，認為可以逢低買進國泰金，該年底的股價只有 30 元左右。如果在當時趁著低價買進，就可以搭大股東的順風車，同時賺進股利和股價成長。

特性❸ 低點買進

從前面資料可以看出，富邦金和國泰金每年的股利其實不迷

人，但是因為它們已經是國內最大、獲利最好的金控，還是獲得不少投資人的擁戴，那麼有沒有辦法增加投資報酬率呢？

最簡單的方法就是低點買進，高點賣出做價差。我在 2009 年金融海嘯期間，買過 24 元的國泰金，在 2012 年歐債危機時，買過 28 元的富邦金，只要在國際金融市場動亂時，低價勇敢買進，股利殖利率馬上可以增加將近 1 倍，而且買在低點，還會有賺取價差的機會！

假設投資人在 2012 年初用 33 元買進富邦金，在 2015 年初用 66 元賣出，期間賺取 3.5 元現金股利、0.5 元股票股利，還有高達 33 元的價差。如下表所示，儘管買在 33 元的低價，但是股利殖利率依然不迷人，可是每年平均的價差報酬率卻高達 26%，加起來 1 年至少有 30% 的總報酬率，輕鬆打

富邦金 2012 年初～ 2015 年初平均報酬率					
股利發放年度	現金股利（元）	股票股利（元）	股利殖利率（%）	價差報酬率（%）	含股利總報酬率（%）
2012	1	0.5	8.6	26	34.6
2013	1	0	3.6	26	29.6
2014	1.5	0	5.4	26	31.4

敗股神巴菲特。

對我而言,只要富邦金和國泰金的股價接近 30 元,我就會開始買進,一旦跌破 30 元,就是借錢也要買。

從上面的說明可以明顯看出,同時賺取股利跟價差,大型壽險金控的獲利其實頗為迷人,我歸納個人的操作技巧如下。

操作技巧❶ 逢低勇敢買

富邦金和國泰金的總資產都高達 5、6 兆元,以它們在產業中的獨大地位,保費和手續費自然是源源不絕,而且光靠股票投資與龐大的不動產資產,每年可賺取超過百億的股利與不動產租金。對於這類型的公司,我會秉持逢低勇敢買的策略,長期下來就可降低平均持股成本,不漲就領股利,大漲就脫手,相信還是可以賺到錢。

操作技巧❷ 股利持續買回

由於股本龐大,股價的飆漲一定不如小型股,當股價不太動時,就要保持領股利也不錯的心態,用每年的股利持續買回股票,增加手上的持股張數,等到將來股價大漲後,再高價出清。

操作技巧❸ 景氣循環

壽險公司拿到保戶龐大的保費之後,為了要支付保戶利息,

必須將資金投資在海內外的金融商品(股票、債券……),賺取利息與價差。當景氣熱絡時,這些金融投資會賺到不少利潤,例如 2015 年上半年,全球股市屢創新高,國泰金與富邦金的獲利也跟著大暴衝,股價站上了最近幾年的新高。

然而 2015 年下半年起,全球景氣越來越緊張、股災頻傳,國泰金與富邦金的獲利也大幅度縮水,以壽險為主的金控公司,明顯受到景氣的影響,我認為,應該要將它們歸類為景氣

日期	收盤價(元)	股價漲幅(%)	現金股利(元)	股票股利(元)	年均報酬率(%)	EPS(元)
富邦金2次景氣循環價差區間						
2008/10/1～2011/8/1						
2008/10/1	20		未參加			1.41
2009	—	106.5	0	0	31.5	2.47
2010	—		2	0.5		2.33
2011/8/1	41.3		未參加			3.39
2011/9/1～2015/6/1						
2011/9/1	32		未參加			3.39
2012	—	91.88	1	1	20.7	3.05
2013	—		1	1		3.31
2014	—		1.5	0		5.89
2015/6/1	61.4		未參加			6.21

循環股。景氣循環股的特徵就是盛極而衰、否極泰來，在公司獲利慘澹時要勇敢買進，當獲利創新高之際，往往就是賣股票的時候了。看一下上頁富邦金的統計資料。

　2008 年全世界爆發金融海嘯，富邦金股價跌落到 20 元以下，而且 EPS 只有 1.41 元，隨後全球景氣好轉，2011 年股價最高來到 48 元，EPS 也達到 3.39 元的波段高峰。

　如果在 2008 年景氣低點時買進，放到 2011 年景氣高峰時賣出，年平均報酬率高達 31.5%。再看看 2011 年爆發歐債危機，全球股市開始面臨景氣寒冬，富邦金股價又被打落到 30

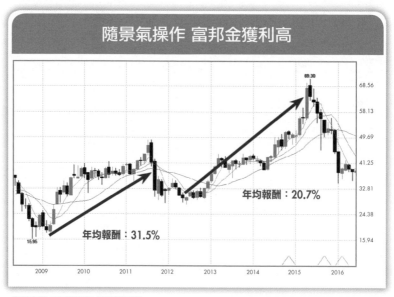

資料來源：富貴贏家（精誠資訊）

元附近，如果趁著國際金融動盪時買進，在 2015 年上半年富邦金獲利創新高之際賣出，年平均報酬率也高達 20.7%。

《Money 錢》出版的《五線譜投資術》這本書裡面有提到，景氣循環是 3 ～ 4 年一個短週期，7 ～ 8 年一個長週期。觀察最近幾年全球經濟走勢，就很符合書中的論點， 2008 ～ 2012 年是一個小循環，2008 ～ 2016 年是一個大循環，富邦金的股價也跟著景氣循環而漲跌，從這裡看起來，富邦金也可以說是景氣循環股了！。

從國泰金的股價走勢圖來看，也挺符合上面的論點。所以，對

資料來源：富貴贏家（精誠資訊）

於富邦金、國泰金這些大型壽險金控的股票，我不會長期死抱不放，而是會在景氣低迷（股價與獲利均在低點）時買進，長期持有等待景氣大好時再出清，如此就可以同時賺進股利與價差。

操作技巧❹ 獲利了結

所謂的「存股」，並非買進股票後就老老實實地等股利，一旦股息太少，除非股價可以一飛沖天，不然長期持有的報酬率不會太好。仔細觀察這些大型金控的股價，幾乎都處在「上有鍋蓋、下有鐵板」的區間盤整，這就有做價差的空間。

因為股本龐大，短期內股價波動的幅度通常不大，有時候要耐心用幾年的時間來等價差。存股的目的不外乎是股利，但是當價差已經超過 5 年以上的股利所得，且股價站上近幾年高點之際，我就會考慮開始出脫，畢竟景氣是 7～8 年一個大循環，如果價差可以賺進未來 5 年的股利，何不獲利了結，並且退場觀望呢？

只要耐心等待，5 年內總有機會讓你用更便宜的價格，再把股票買回來，這樣不就贏過慢慢地存股票呢？存股票最大的缺點就是會卡住資金，降低資金流動的效益；適當地獲利了結，讓資金流動，也會創造更大的獲利空間。

$ 好金控該具備 3 大特質

在我心目中，可以在股票投資上賺到錢的金控公司，最好同時具備獲利與股利穩定、容易做價差、前景佳這 3 大特質，以下以中壽（2823）為例加以說明。（只是舉例並非推薦喔，要不要買進，請讀者自行判斷！）

特質❶ 獲利與股利穩定

中壽的獲利很穩定，每年都有 1 元多的股利，就算 25 元買進後被套住，股利殖利率也接近 6%，而且中壽公司治理嚴

股利發放年度	現金股利	股票股利	股價	
			最高	最低
2010	0.8	1.38	33	18.45
2011	0.7	0.95	46.7	20.9
2012	0	0.3	31.55	22
2013	0.2	1.4	32.3	25.8
2014	0.4	1	32	24.8
2015	0.4	1	34.7	21.7
2016	0.6	0.4	25.95	22
平均	**0.44**	**0.92**	**33.74**	**22.24**

中壽（2823）近年股利政策　　單位：元

說明：統計至2016/4/11

209

謹，是國內少數資本適足率維持在 250% 以上高標準的大型壽險公司。低價買進好公司的股票，已經立於不敗的基礎上了！

特質❷ 容易做價差

最近這幾年，我還挺喜歡操作中壽的股票，我習慣在 25 元附近開始向下買進，30 元以上分批出脫，可以賺取約 20% 的價差，而且幾乎每年都有操作的機會，1 年只要賺 1 次就可以開心收工。

通常獲利穩定的大型公司，股價都會在區間盤整，如果能夠抓到做價差的頻率，每年賺到的價差往往是股利的好幾倍，而且做價差就表示在高點時會將股票賣出、把資金收回，也減少了股價反轉而被套牢的風險。對於長線存股的投資人來說，只要靠股票的自我繁殖，股利就會越領越多，但是代價是稅越繳越多。

以我自己為例，因為我有教書的百萬年薪，還有教科書和理財書的版稅收入，如果再加上百萬元起跳的股利收入，結果就是拉高所得稅率，要繳很多所得稅；因此，做價差就成為我不得不學習的節稅技能。

以前我生性懶散，崇尚懶人投資術，加上信奉股神巴菲特的名言：「如果你不想持有一支股票 10 年，那麼連 10 分鐘也

不要持有。」因此我有很多的股票買進後就放著不理，有時候我也會問自己，這究竟是「長期投資」還是「懶惰」呢？

　政府一連串的規定，稅額扣抵減半、富人稅、健保補充費……一直在增加領股利的成本，如果價差可以賺進一整年的股利收入，何必呆呆領股利，然後繳很多所得稅呢？不過，做價差畢竟還是有風險，如果那麼厲害，也不用學投資了。所以我會做好資金分配，績優好股票就放著繼續領股利，但是也會拿部分資金來做價差。

特質❸ 前景佳

　當公司有很好的前景時，就有很大的機會可以股利與價差兩頭賺，小小的台灣有這麼多家大型金控，獲利空間早已經飽和，各大金控無不極力出走，參與「亞洲盃」的盛事。

　2010 年 12 月，中壽與大陸建設銀行共同成立大陸建信人壽，中壽持有 19.9% 的股權，統計至 2015 年 6 月，建信人壽已經在大陸設立 16 家省級分公司、98 家分支機構，可以運用 6 千個銀行保險通路。建信人壽 2014 年淨利較前一年成長 69%，達 1.72 億人民幣；2015 年上半年淨利約 2.9 億人民幣，已超越 2014 年全年度，而且保費收入持續快速成長，目

標是 5 年內挑戰中國壽險前 5 大。

建信人壽預計 2018 年掛牌上市，未來中壽回收的潛在利益也會是一大亮點。2015 年中壽獲利大躍進，拜出售債券及實現股票投資的資本利得所賜，2015 年全年稅後獲利 91.7 億元，較前一年大幅成長 41%，EPS 為 2.75 元。受 2016 年初股災影響，股價最低跌到 22 元，本益比只有 8 倍，如果當時低價買進，除了有穩定的股利，未來還有大陸建信人壽這塊大餅可以期待，也就是有機會賺進價差。

$ 用「4 個 10」買進金融股

2014 與 2015 年，金融類股的獲利達到歷史高峰，但是從 2015 年下半年到 2016 年初，股價卻完全背道而馳，持續重挫到近幾年的低點，這又是開始撿便宜的時候嗎？

首先看一下統計資料，由於撰寫本書時，2016 年的股利政策尚未出籠，我採用 2011 ～ 2015 年這 5 年的平均股利數值，且因為 2015 年的股利是由 2014 年的 EPS 所提供，所以採用 2010 ～ 2014 的 EPS 數據。至於股價，則採用 2016 年

金控公司2011～2015年平均獲利與股利政策

金控	代號	現金股利（元）	股票股利（元）	殖利率（%）	連10年獲利	2016/2/3股價（元）	淨值（元）	EPS（元）	本益比
華南金	2880	0.524	0.504	8.62	10年	14.65	15.11	1.14	12.9
玉山金	2884	0.282	0.792	9.62	10年	16.55	14.87	1.28	12.9
元大金	2885	0.404	0.286	6.69	8年	10.55	16.87	1.1	9.6
台新金	2887	0.24	0.696	9.23	8年	10.55	12.91	1.08	9.7
永豐金	2890	0.292	0.62	9.49	9年	8.88	12.77	1.04	8.6
中信金	2891	0.606	0.696	10.9	9年	15.3	14.47	1.73	8.8
第一金	2892	0.47	0.64	9.55	10年	14.9	16.09	1.24	12
中壽	2823	0.34	0.93	10.79	10年	22.85	21.6	1.98	11.5

說明：EPS為2010～2014平均資料

2月3日的收盤價，如上表所示。接著用「4個10」來評估撿便宜的時機到了沒。

第1個10 股價10～20元

在這個區間的股價，會接近公司的每股淨值，也就是當公司結束清算之時，1股可以拿回多少錢，而當股價接近或跌破淨值時，長期的投資價值就會浮現。從上表可以發現，2016年2月3日 華南金、元大金、台新金、永豐金、第一金的股價已經跌破淨值，只要公司持續獲利，股價遲早會回到每股淨值

213

之上。

第2個10 連續10年獲利

如果可以連續賺10年，體質就很健全，值得長期投資。

第3個10 殖利率10%

由於目前股價在低點，我會假設將來股票股利會填權，依此計算的話，如果殖利率高過10%，我就會考慮買進。

第4個10 本益比10倍

本益比當然是越低越好，10倍以下我就會考慮買進。

股價往往是先行指標，儘管2014和2015這2年金融類股賺大錢，但是2015下半年起股價卻連番走弱，金融股的景氣反轉已經盡在不言中。2016年第1季，以壽險為主體的富邦金、國泰金，獲利明顯衰退，新光金則是出現虧損，然而，以銀行業務為主的金控，也有獲利成長的。

因此，儘管股價已經大跌，只要股價持續往下，表格中不少公司的殖利率就會到達10%以上。往後觀察的重點還是，2016年以後，金控類股是否有持續穩定的獲利，如果持續獲利，而且本益比在10倍以下，我會考慮用微笑曲線來慢慢撿便宜，只要能耐心撐過景氣循環，股價遲早會反彈。

$ 股價跌 是存股的大利多

很多人想要投資股票，卻又無法承受股價下跌，期盼買進股票後，股價就一直往上漲，但是世界上有這樣美好的事情嗎？人生其實都是在理想和現實之間妥協，想要去賞雪，就要忍耐寒流，想要投資賺錢，就要忍耐股價下跌。

重要的還是心中的那一份熱情，有熱情就不畏寒流、不怕股價下跌。我投資股票 20 多年，當然也跌倒很多次、賠過很多錢，經歷過很多次金融風暴，但是唯一不變的就是持續買進股票的熱情。我一直強調股票是「資產」，只要股價越便宜，「它就越有價值」。買進股票並不是只計較短期的輸贏，而是努力建立資產的那一份熱情。

股市永遠有變數，但是股價自己會去修正風險。同樣 1 張股票，假設只有配發 1 元現金股利，不論你是買在 24 元或 16 元，都一樣可以拿到 1,000 元的股利。那麼，買在 24 元的風險比較高，還是買在 16 元呢？同樣的，買在 24 元的未來上漲機率比較高，還是買在 16 元？

為何那麼多人在 24 元高價時瘋狂買進，在 16 元低價時卻

又棄之如敝屣呢？因為他們在漲到 24 元的時候充滿希望，在跌到 16 元的時候卻又看不到一絲希望。其實，就是因為利空頻傳，你才可以用高點三分之二的價格買進股票，股價已經自己反應風險了，你只要勇敢買進，低價的好股票自然會以較高的股利殖利率來報答你。

「用近距離來看股市，可能是一齣悲劇；但是用長距離來看股市，卻往往是一齣喜劇。」短期的股市或許會下跌，股價可能會腰斬，但是優秀的公司自己會去想辦法，努力把錢賺進來，要知道，台灣股市每年都會發放 1 兆元左右的現金股利，財神爺年年都會降臨。

當眾人害怕股市的風險時，你反而可以用更便宜的價格來慢慢挑選好股票。最重要的是，要點燃心中那股熱情，用熱情融化股市寒流，像松鼠過冬般拼命地累積資產，等到明年財神爺降臨時，就可以告別悲劇，迎接喜劇。財神爺年年都會降臨，擁有股票資產的人都可以領一個大紅包，如果你想要更大的紅包，請記得，一定要在低價時買進股票，一定要「堅持」！

投資筆記

第9章

操作篇

台灣50
進可攻退可守

前面章節提及，買進好股票是累積資產的快速途徑，但是領取股利時會被政府視為所得從中課稅，進而減緩累積資產的速度。

想要增加累積資產的速度，就需要了解股票的相關稅費，才能夠合法節稅，同時也可以透過做價差的方式少繳稅，不過對於一般投資人來說，選股可能是件不容易的事，因此這裡要來介紹台灣 50（0050）這種「一籃子股票」的 ETF，可以省去選股的麻煩。

Ⓢ 每年領股利 要繳不少稅費

買賣股票需要負擔許多稅，賣出股票時要課徵 0.3% 證券交易稅，交易次數越多，繳交的稅就越多。那麼減少交易次數，長期持有股票，只領取股利，是不是可以少繳稅呢？首先，股利需要併入個人所得繳稅，股利領得越多，你的所得稅率會越高；此外，2015 年實施稅額扣抵減半後，可以扣抵的稅變少了，結果就是要繳更多的所得稅。另外，領了股利，還要負擔 1.91% 的健保補充費。

舉個例子來簡單估算一下，如果你省吃儉用、辛苦理財幾十年，終於可以年領 500 萬元股利了，先假設沒有股利的稅額扣抵，首先就要繳交 40%，也就是 200 萬元的所得稅，然後是 1.91%，也就是 9.55 萬元的健保補充費，最後放進自己口袋的只有 290.45 萬元，政府從中收取了 209.55 萬元的稅，請問你心裡面的感受如何？

　　繳稅是義務，沒有人可以逃避，但是從上面的分析可以看出，政府課徵稅費的手段有一個趨勢，就是瞄準股市投資人的「股利」，而且採取就源扣繳，這樣政府課徵的成本最少。

　　什麼是就源扣繳？簡單來講，如果台積電（2330）要發放 10 萬元的現金股利給我，台積電會先把 1.91% 的健保補充費扣走，也就是直接將 1,910 元轉交給政府，我拿到股利時已經沒有這筆 1,910 元，也就無從逃稅了。而且，台積電肯定會乖乖地統計所有股東應該繳交的健保補充費，1 毛不漏地交給政府，因此政府的課稅成本最少。食髓知味下，往後的長照補充費也可能規畫直接從股利來下手。

　　政府一連串的富人稅（年收入超過 1000 萬元，所得稅率由 40% 拉高到 45%）、股利可扣抵稅額減半、健保補充費、長

照補充費，都是鎖定股票投資人的股利來課稅。對於長線投資人而言，「買進好股票，領取股利繼續買進好股票」的策略，一定會因此產生影響，因為股民要繳的稅費增加，能夠持續買進股票的資金就變少了！況且，投資人就算拿到股利，如果股票是處於貼權息狀態，還是賠錢。

2015 年台股除權息行情嚴重失靈，根據統計，農曆羊年的股市是金羊變黑羊，台股大盤總共跌掉 1466.51 點，跌幅15.39%，為 4 年來最大跌幅，市值蒸發 3.86 兆元，平均每位股民約損失 40 萬元。投資人領到股利，但是賠上價差，賠錢還要繳稅，你覺得公平嗎？

Ⓢ 賺價差 避免頻繁交易

有沒有因應的辦法呢？其實不領股利就不用繳交上述稅費。依照目前的法規，做價差產生的資本利得不用繳稅，「做價差」就是因應方法之一。前述的 500 萬元股利，要繳交209.55 萬元稅費，因為股利被政府認定為所得，所以要繳稅。但是，如果是價差賺到 500 萬元，因為證所稅已經被取消，所

以 500 萬元可以全部放進口袋，相對就有稅負上的優勢。

那麼，做價差完全不用繳稅嗎？股市大戶都不用繳稅嗎？這不就是不公不義？其實賣出股票時要繳交證交稅，買賣越頻繁，繳的稅越多。來計算一下，假設以 1 年同樣獲利 500 萬元回推，投資人自有 2000 萬元資金，每個星期買進 2000 萬元股票，再賣出 2021.8 萬元的股票來做價差，扣掉手續費與證交稅後，每週賺取 10 萬元的價差。在買賣過程中，所產生的手續費和證交稅的金額如下：

項目❶ 買進時

買進股票時，要付給券商 0.1425% 的手續費，但是不用繳交證交稅。

買股時的交易成本				單位：萬元
買進金額	手續費 （0.1425%）	證交稅	交易成本	總付出金額
2000	2.85	0	2.85	**2002.85**

項目❷ 賣出時

賣出股票時，除了要付給券商 0.1425% 的手續費，還要繳

交證交稅。提醒一下，證交稅只有在賣出股票時繳交，因此賣股時的交易成本＝手續費＋證交稅。

賣股時的交易成本				單位：萬元
賣出金額	手續費（0.1425%）	證交稅（0.3%）	交易成本	總收入金額
2021.8	2.88	6.07	8.95	**2012.85**

項目❸ 每週結算

獲利 10 萬元，買進加賣出的交易成本卻高達 11.8 萬元，超過獲利的 10 萬元，由此可見，頻繁買賣股票做價差，一定要考慮交易成本，否則不僅沒賺到價差，手續費和證交稅還會一直淘空你的本金。

我想在這裡奉勸一下靠融資買賣股票的朋友，融資買進股票只需要 4 成的本金，可以買進 2.5 倍本金的股票，雖然獲利會變大（虧損也會變大），但是交易成本也會變大成 2.5 倍，

結算每週交易成本			單位：萬元
獲利	手續費	證交稅	交易成本
10	5.73	6.07	**11.80**

而且還要繳交融資利息,不可不慎。

項目❹ 每年總結

扣掉農曆春節,股市 1 年約有 50 週的交易日,假設每個星期穩定賺取 10 萬元價差,1 年賺到了 500 萬元,但是交易成本高達 590 萬元,幸好這 500 萬元不用繳所得稅、健保補充費⋯⋯可以完全放進口袋。

反觀長期持有股票的投資人,因為沒有買賣,所以交易成本是零,但是所得稅、補充費⋯⋯卻高達 209.55 萬元,投資人只能夠將 290.45 萬元放進口袋。

做價差與長期投資的比較		單位:萬元
項目	做價差	長期投資
獲利	500	500
所得稅、健保補充費	0	209.55

同樣是賺 500 萬元,長期投資者要繳交 209.55 萬元所得稅、健保補充費,做價差的人卻不用,好像有點不公平?也就是因為「有所得卻不用繳稅」的質疑,政府催生了證所稅這頭大怪獸。但是仔細計算,做價差 1 年要付出 303.5 萬元

的證交稅，還有 286.5 萬元手續費給券商，讓券商有收入、讓營業員有薪水，不僅可以減少社會問題，還可以促進經濟繁榮，效益遠大於長期投資人繳交的 209.55 萬元稅金，不是更好嗎？

⑤ 買 ETF 降低做價差的風險

做價差的好處是，可以把所得全部放進口袋，不用煩惱政府課稅，但缺點除了交易成本很高之外，最麻煩的還是在於，可能看錯股價走勢，想要低買高賣，卻常常變成高買低賣。

人不是神，儘管努力做功課研究，一樣會買錯股票、看錯走勢，只有神仙才可以每次都買在低點、賣在高點，如果普通人做得到，那麼他早就是世界首富了，請問大家有看過這樣的人嗎？電視上一堆老師、名嘴、專家、學者⋯⋯如果他們這麼會研究股票、做價差，有需要上節目賺通告費嗎？早就住進帝寶，每天煩惱錢怎麼都花不完！

既然做不成神仙，那麼當半個神仙好了。無法同時做到買在低點、賣在高點，那麼做到一半的買在低點，不就是半個神仙

了嗎？至少也會比普通人來得強。那麼，怎樣的股價叫做買在低點？原則上，就算買進後股價下跌，只要持續往下一直買，成本就會一步步降低，等到股價反彈，不就可以獲利了結嗎？這就是半個神仙的買在低點，好像不難，只要有錢、有膽，往下一直買就好了。

理論上是沒錯，但是最怕的還是買錯股票，如果你往下加碼的對象是宏達電（2498），就算你從股價 1,300 元一直逢低加碼到 40 元，平均的成本也高達數百元，1 張股票要賠上幾十萬元，絕對當不了半個神仙。

華亞科（3474）也是買在低點，卻可能買錯股票的例子，2013 年華亞科的 EPS 是 3.66 元，2014 年暴增到 8.32 元，股價從年初的 20 元一路飆漲突破 60 元，7 個月內大漲 3 倍，當時不少專家看好隔年可以賺進 1 個股本。股價開始下跌時，投資人如果勇於逢低承接，想要低買高賣，股價卻在 1 年後（2015 年 7 月）硬生生跌破 18 元，這樣的股價你還敢持續逢低承接嗎？

2016 年美光打算用 1 股 30 元的價位收購華亞科，如果你是買在 50、60 元的高點，要回本實在是難度很高。想要低買

高賣做價差，操作個股的最大風險就是會買錯股票，如果公司體質改變（宏達電），或是產業景氣改變（華亞科），就算是一直往下承接，股價沒有辦法漲回來，又有什麼用？

除了買錯股票之外，很多人也因為缺乏信心而賺不到錢，明明買到好公司，看著股價一直跌，害怕公司可能會倒閉，不要說當半仙持續買在低點，早早就腳底抹油賣在低點逃命去了！等到股價上漲，只能在一旁乾瞪眼。看看 2003 年 SARS 危機，以及 2008 年的金融海嘯，有多少公司的股價殺到歷史低點？投資人明明知道股票要買在低點，可是卻因為恐慌，擔心公司會倒閉、股票會變壁紙，信心全失之下，哪裡敢勇敢買進？

挑錯股票、判斷錯價位、沒有信心……往往是一般投資人的通病，也是一般投資人做價差卻賺不到錢的最大兇手。如果有一支股票永遠不會變壁紙，永遠可以逢低持續加碼，只要持續買在低點，不就贏過一般的投資人了嗎？只要持續貫徹半仙的買在低點原則，耐心一直買、慢慢等，總有一天股價會上來，這樣就有機會賣在高點，不就成為買在低點、賣在高點的神仙了嗎？

要當神仙還是沒有那麼容易,因為投資人還是會煩惱,雖然股票不會倒閉,萬一股價不漲怎麼辦?當投資人還真是辛苦!如果這個股票有穩定的配息,而且每年領到的股息超過定存利息,你還有什麼好煩惱的呢?

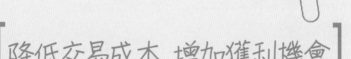

[降低交易成本 增加獲利機會]

想靠做價差賺錢,首先要努力降低交易成本,例如利用網路下單,券商的手續費會打6折,買賣ETF股票的證交稅,只有一般股票的三分之一,具有稅負上的優勢。

來比較看看,前面說的每個星期買進2000萬元、賣出2021.8萬元股票,每週就節省了6.34萬元的交易成本,1年高達317萬元,是不是賺很大?要提醒的是,每家券商的手續費折扣不盡相同,你可以去找一家最划算的。

網路下單手續費較省			單位:萬元
一般買賣		網路下單買賣ETF	
手續費	證交稅(0.3%)	手續費(6折)	證交稅(0.1%)
5.73	6.07	3.44	2.02

我在後面要介紹的台灣 50、台灣高股息（0056），就具備了上述的特色，而且還有證交稅上的優勢。先來説明一下 0050 跟 0056 的共同點，他們都屬於指數股票型基金（ETF），是由數十家公司的股票所組成，這幾十家公司不可能同時倒閉，因此可以一直逢低買進，不會成為壁紙。此外，ETF 的證交稅只有 0.1%，是一般股票的三分之一，可以降低做價差的成本。

💲 台灣 50 可賺價差 也可存股

0050 不是一家公司的股票，而是可以像股票一樣在證券市場買賣的 ETF 基金，正式名稱是「指數股票型基金」，雖然是基金，但是不用到投信申購，很方便。0050 的特點就是「被動式」，包含的成份股是台灣股市中市值前 50 名的股票，每一支股票要占基金的多少比例，一開始就規定得清清楚楚，基金經理人不會自行選股，因此可以排除掉經理人的選股能力、操守等因素。

下頁表是 0050 的成份股，持股比例第 1 名當然是台積

台灣50（0050）成份股

代號	名稱	占比（%）	代號	名稱	占比（%）
3474	華亞科	0.54	2325	矽品	0.88
4938	和碩	1.11	2105	正新	0.91
3481	群創	0.82	2395	研華	0.60
2330	台積電	28.96	2408	南科	0.13
2303	聯電	1.18	2412	中華電	3.21
2882	國泰金	2.26	2409	友達	0.62
2357	華碩	1.57	1476	儒鴻	0.64
1303	南亞	2.90	2207	和泰車	1.06
2883	開發金	0.90	2301	光寶科	0.66
1301	台塑	3.00	9904	寶成	0.83
2002	中鋼	2.02	2912	統一超	1.00
2311	日月光	1.70	2354	鴻準	0.60
2317	鴻海	8.68	2474	可成	1.47
1402	遠東新	0.77	3045	台灣大	1.36
2892	第一金	1.10	2454	聯發科	2.62
2880	華南金	0.90	2881	富邦金	2.24
2801	彰銀	0.68	2887	台新金	0.74
1216	統一	2.09	4904	遠傳	0.88
1101	台泥	0.75	2885	元大金	0.95
1102	亞泥	0.50	3008	大立光	1.98
2382	廣達	1.14	2884	玉山金	1.04
2308	台達電	2.35	2890	永豐金	0.70
1326	台化	2.70	6505	台塑化	1.33
2886	兆豐金	1.88	5880	合庫金	0.89
2891	中信金	2.11	2227	裕日車	0.04

資料日期：2016/4/7

電，接下來也是大家耳熟能詳的鴻海（2317）、聯發科（2454）、富邦金（2881）、國泰金（2882）、南亞（1303）……2015 年 9 月 21 日 0050 剔除了最近幾年表現不好的宏達電（2498），納入了儒鴻（1476），所以 0050 還會汰弱補強。想知道最新的資訊，可以在台灣證券交易所網站查詢：首頁 → 交易資訊 → 與 FTSE 合作編製指數 → 台灣 50 指數當日成份股。

因為是由市值前 50 名的股票所組成，0050 的股價幾乎隨著大盤指數連動，根據統計，與大盤的相關性高達 98%，因此投資人只要看整體經濟的大方向來操作就好，比如在 2008 年金融海嘯期間，全球股市哀鴻遍野，台股大盤跌落到 3955 點，當時世界各國無不極力挽救股市，台灣政府也啟動國安基金護盤，投資人如果認為股市即將反轉，就可以買進 0050（當年的最低價是 28.53 元），等到股市往上走，2017 年 3 月股價來到 74 元，不僅能夠賺到價差，還可以領到每年的現金股利。

假設投資人在 2008 年用 30 元價錢買進 0050，一直等到 2017 年 3 月 17 日用 74 元的價錢賣出，長期投資 8 年，不僅

2008～2015年台灣50報酬率					
買價	賣價	股利總計	每股獲利	總報酬率	平均年報酬
30元	74元	16.45元	60.45元	202%	**15%**

台灣50股息									
年度	2008	2009	2010	2011	2012	2013	2014	2015	2016
股利（元）	2.0	1.0	2.2	1.95	1.85	1.35	1.55	2.0	2.55

1股賺進 44 元的價差，還賺到 2008 ～ 2016 年配發的 16.45 元現金股利，每股總共賺進 60.45 元，總報酬率高達 202%，平均年化報酬率 15%。就算買進後抱緊不賣出，每年的股息殖利率也是定存的好幾倍。

從這裡我們可以看出 0050 的操作要點：

要點❶ 大跌大買

因為 0050 是由台灣市值最大的 50 家公司所組成，要同時倒閉是不可能的，所以 0050 的股價越低越可口，要勇敢買進，反正也不會變成壁紙，怕什麼呢？

要點❷ 不要看盤

只要買得夠便宜，每年的股息殖利率也很迷人，領取股息去遊山玩水就好，完全不用關心股市的漲漲跌跌，可以享受愜意人生。

要點❸ 長期投資

0050 就是隨著大盤連動，整體經濟大概 7 ～ 8 年一個大循環，如果要長期投資 0050，最好在景氣谷底買進，然後持有到景氣高點時賣出。例如在 2008 年金融海嘯肆虐時勇敢買進，在 2017 年股市高點時賣出，在這 8 年內只要領股息來遊山玩水，完全不用研究股票，就可以創造 202% 的驚人報酬率。

要點❹ 可攻可守

上述的操作，每股賺到了 44 元的價差，股票賣出後，這 44 元完全不用繳稅，這就是做價差的好處。但是投資人可能會想：股票賣光後吃什麼呢？就算不賣光 0050，每年股息殖利率已經打敗定存利率及通膨，把股息持續買進 0050，持有的股票會變多，將來領到的股息也會變多。所以，可以做價差，也能長期投資，可攻可守。

⑤ 打敗通膨率＋定存利率

投資股票，積極目的是要利用複利創造財富，消極目的則是要打敗通膨。

什麼是通膨？簡單說就是錢會變薄、購買力會下降。假設通膨率是 1.5%，而銀行的定存利率是 1.3%，將 100 萬元放進銀行定存，1 年後存款會變成 101.3 萬元，但是因為 1.5% 的通膨率，本來 100 萬元的商品，1 年後會漲價成為 101.5 萬元，超過 101.3 萬元的存款，你反而買不起了。

這就是所謂的實質負利率：通膨率大於銀行定存利率；在實質負利率的環境下，錢放在銀行越久，你的購買力就會越低。

最近幾年，全球經濟陷入泥沼，美國、日本、歐盟相繼推動 QE（量化寬鬆），拼命印鈔票救經濟，目標都是要將通貨膨脹率推升到 2%，請問最近幾年銀行的定存利率有到 2% 嗎？現在已經是負利率時代了。

況且，各國央行拼命印鈔票救經濟，下場就是錢滿為患，於是就會有資金去炒做商品，最明顯的是，黃金在 2011 年 9 月被炒做到每盎司 1,923.2 美元；原油也是炒做主角之一，

2011 年 4 月紐約商品交易所原油期貨價格飆升至每桶 114.83
美元。油價只要一上漲，幾乎所有民生必需的電費、汽油、
瓦斯都會跟著調漲，接著就是早餐店、麵包店、餐廳、交通
費……開始漲價因應，這就是通膨了。

黃金的功能不只是送禮和放在保險箱中，其實在日常生活中處
處充滿「黃金製造」的影子，例如半導體、電子產品、汽車零
件，還有多項的醫學治療（例如牙醫、癌症治療、關節炎等），
都少不了黃金當材料。所以只要金價上漲，手機、記憶體、數位
相機、電腦主機板、假牙……很多民生消費用品都會變貴。

而且在錢太多的情況下，有錢人開始擔心錢變得不值錢，於
是大量買進稀有、可以保值的商品，所以最近幾年地價大漲、
房價大漲。上面這些都是通膨對生活的影響，如果在負利率的
情況下，還只仰賴定存，那麼你的購買力會逐年降低。

一個好的投資，首先要能夠打敗通膨，但是打敗通膨只表示
你能夠維持相同的購買能力，資產並沒有增加喔！例如你今年
有 100 萬元，可以購買 100 萬元的民生必需品，如果拿去做
投資，1 年賺到 1.52%，總資產變成了 101.52 萬元，但是因
為通膨的影響，本來 100 萬元商品在隔年漲價成為 101.52 萬

元，你的錢看起來是增加了，但是購買力卻沒有增加，所以打
敗通膨只是保本而已。

　　資產想要增加，光是報酬率打敗通膨還不夠，最少要打敗
「通膨率＋定存利率」。2015 年的通膨率是 1.52%，而銀行
定存利率是 1.38%，合起來就是 2.9，如果一項投資的年報
酬率有 2.9%，那麼扣掉 1.52% 的通膨率之後，你的「購買
力」會每年成長 1.38%，也就是資產增加了。因此，來看看

台灣50歷年股利與殖利率			
股利發放年度	現金股利（元）	平均股價（元）	股息殖利率（%）
2003	0	44.5	0
2004	0	46.4	0
2005	1.85	47.3	3.91
2006	4	53.9	7.42
2007	2.5	62	4.03
2008	2	51.3	3.9
2009	1	45.3	2.21
2010	2.2	54.7	4.02
2011	1.95	56.6	3.45
2012	1.85	52.3	3.54
2013	1.35	56.2	2.4
2014	1.55	63.7	2.43
2015	2	66.3	3.02
2016	2.55	66.3	3.85
平均	**1.77**	**54.77**	**3.16**

0050 歷年來的股利與殖利率。

從上頁表格可以看出，0050 的平均股息殖利率是 3.16%，可以打敗「通膨率＋定存利率」。如果你還是把很多錢放銀行定存，真的要好好考慮，將部分的定存解約買進 0050（如果是我，我會全部解約），因為在實質負利率的環境之下，錢真的會越存越薄。

對於積極型的投資人來說，0050 的股息殖利率可能不夠迷人，在計算報酬率的時候，我很喜歡用 72 法則來快速估算，以下來介紹一下。

⑤ 3 個方法 提高 0050 賺錢機率

公式 投資資產翻倍年數＝72÷報酬率

用公式來看，假設一項投資的報酬率是 6%，那麼投入 100 萬元的話，就需要 12 年（72÷6）後，才會翻倍成為 200 萬元；如果報酬率是 18%，那麼只需要約 4 年。72 法則是一個經驗公式，但是當你的報酬率越高時（24% 以上），就越不準確。

利用 72 法則來計算一下投資 0050 的報酬，如果只計算股息平均 3.16% 的報酬率，不考慮股價的漲跌，發現要經過 22.8 年，投資的 100 萬元才會翻倍成為 200 萬元，是不是有點久？穩定、不會變壁紙是 0050 的特性，不過它是由市值最大的 50 家公司所組成，卻不是「獲利」最好的 50 家公司，所以長期投資的報酬率只能打敗「通膨＋定存」，並不會太迷人。

那麼有沒有辦法增加 0050 的報酬率呢？當然有。對於長線存股的投資人來說，「成本」非常重要，只要買進的價錢夠便宜，報酬率自然就會提高。以下介紹幾種我經常用來降低持股成本的買進方法。

方法❶ 20 週線

上述 3.16% 報酬率，是用每年的平均股價計算，事實上每年的股價都會有高低落差，只要抓住股價低點時買進，就會提高你的報酬率。我個人偏好參考技術分析中常用的 20 週線，20 週就是 5 個月，代表近 5 個月 0050 的平均價，當股價低於 20 週線時，表示此時買進的價位已經低於 5 個月的平均值，相對來得安全。

　　20 週線的買法特別適合用在股價處在盤整階段時，如下頁圖所示，2013 年 0050 的股價大多在 56 元附近整理，在該年的 4、6、8、11 月都可以等到股價低於 20 週線的低價。一般券商提供的看盤軟體或 App，都可以設定 20 週線圖，很方便。

　　如果你預計每個月存 1 張 0050（或者是 100 股、200 股……），那麼在 1～3 月當股價高過 20 週線時就先不要買進，而當 4 月股價滑落下 20 週線，再一次買進 1～4 月總共 4 張 0050；同樣的，5 月先不買，留到 6 月再一次買 2 張，

資料來源：富貴贏家（精誠科技）

後面就依此類推。

方法❷ 微笑曲線

　　首先要提醒一下，微笑曲線只能夠買「不會倒閉」的股票。當股價因為國際政經局勢而暴跌時，0050 及一些績優龍頭股，就非常適合這種買法，2008 ～ 2009 年金融海嘯期間，0050 股價像溜滑梯般地往下，這時候就要堅信 0050 不會倒閉，勇敢逢低往下買。

　　如果當年順著微笑曲線一直買進，會買到不少成本 30 ～ 45元的 0050，暫時賠錢也沒有關係，重點在於越跌越買，累積

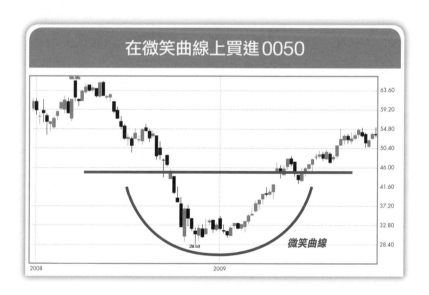
在微笑曲線上買進 0050

張數。等到 2015 年股價漲上 70 元時，就可以微笑收割了。

翻開台灣股市的歷史，每幾年就會有一波大變動，像是 1990
年波灣戰爭、1997 年亞洲金融風暴、2000 年網路泡沫、
2003 年 SARS 風暴、2008 年金融海嘯……都是微笑曲線買進
的絕佳時機。

方法❸ 股息殖利率

要從什麼價位開始微笑曲線的買點呢？其實我們很難預估
下一個金融風暴會在何時開始？會持續多久？所以我會用股
息殖利率來當作指標。由於 0050 歷年的平均股息是 1.77 元
（見 P. 237 表格），如果採用 3.5% 的股息殖利率，反推出來
的股價就是 50.57 元（現金殖利率＝現金股利 ÷ 股價）。

當股市遭逢大股災，0050 股價低於 50.57 元時，就開始微

台灣50每月收盤價統計								
價格區間（元）	31~35	36~40	41~45	46~50	51~55	56~60	61~65	66~70	70以上
出現次數	4	2	3	6	32	33	24	16	10
比例(%)	3.1%	1.5%	2.3%	4.6%	24.6%	25.4%	18.5%	12.3%	7.7%

資料日期：2006年5月～2017年2月

笑曲線的往下買進模式。讀者可能會問：為什麼採用 3.5% 的
殖利率？請參考上頁表格，我統計了 2006 年 5 月～ 2017 年
2 月這 11 年，0050 每個月的收盤價，大多數的價位是停留
在 51 ～ 65 元區間（68.5%），能夠買在 50.57 元以下已經是
相對低價了！當然讀者也可以採用 4% 的殖利率，計算出來的
價格是 44.25 元，但是買進的機會就不多了。

　　其實在大跌一波之後都可以使用微笑曲線，例如 2016 年初
全球股市崩跌，我就覺得可以開啟微笑曲線，慢慢買進 0050。

　　有些網友堅持要在 40 元以下，甚至是 30 元以下才買進

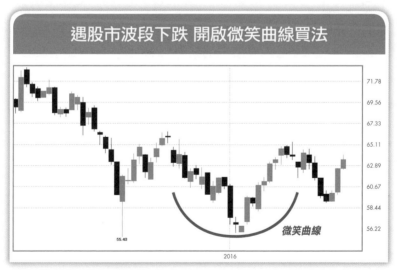

資料來源：富貴贏家（精誠科技）

0050，我很好奇要等多久才會碰上這種價錢，萬一碰不到又要怎麼辦呢？如果單純用股價來判斷 0050 的低點，可能會有盲點，因此我建議用股息殖利率來判斷買點。

舉例來說，0050 中最大的成份股是台積電，這幾年因為競爭力強、EPS 大幅成長，股價也從往年的 60 元大漲到 2017 年的 190 元附近，要再跌回 60 元可說很難。既然台積電的股價漲了這麼多，0050 的股價有可能再跌回到以前的 30、40 元嗎？

因為成份股的股價上漲，而且 0050 會持續淘汰獲利不佳的公司，並加入表現好的公司，所以 0050 的股價，長期以來也是有上漲的趨勢，死守過去的低價，就有可能會等不到買點。

用股息殖利率判斷買點，儘管股價越來越高，但還是可以從每年的配息金額，找出相對低點的價位買進。由於 0050 的配息並不理想，平均每年只有 1.77 元，只要耐心等低價（參考 20 週線），並且逢低往下買（微笑曲線），每年賺到超過 1.77 元的價差並非難事。

所以，0050 對我來說，反而是積極做價差的標的，價差還不必繳稅，只有不小心被套住了，才會暫時放著領股利。

投資筆記

$

每年多存300張股票

第10章

操作篇

高股息ETF
獲利打敗大盤

台灣 50（0050）的成份股，是納入台股市值前 50 名的股票。但是，市值最大卻不一定表示賺最多錢，比如台塑集團，從經營之神王永慶過世之後，獲利及配息就不如以往。另外，台灣多數大公司都是電子股，因此 0050 也會包含 LCD、DRAM 等「慘業」的公司，獲利並不穩定，也就會拉低 0050 的配息能力，因此股息殖利率偏低。

有鑑於此，如果可以從 0050 裡面挑出某些好公司，其餘再從台灣中型 100（0051，由台股市值前 51～150 名企業組合而成的 ETF）裡面的 100 家公司挑選，選取預估未來 1 年現金股利殖利率最高的 30 支股票做為成份股，就是我們說的台灣高股息（0056）ETF。

$ 台灣高股息 平均殖利率達 4%

0056 的持股比率不是照市值排名，而是依照預估現金殖利率的多寡來排名，這是與 0050 最大的不同之處，下頁表是 2016 年 4 月 7 日 0056 包含的成份股，想知道最新的資訊，一樣可以在台灣證券交易所網站查詢（首頁 → 交易資訊 → 與

台灣高股息（0056）成份股

代號	名稱	占比（%）	代號	名稱	占比（%）
4938	和碩	3.48	3702	大聯大	3.36
4958	F-臻鼎	3.12	2385	群光	3.84
2357	華碩	3.24	2542	興富發	6.28
2883	開發金	3.27	2392	正崴	2.42
2324	仁寶	3.39	9933	中鼎	4.67
2356	英業達	2.6	2301	光寶科	3.12
1101	台泥	2.55	9945	潤泰新	2.57
1102	亞泥	2.45	2915	潤泰全	4.25
2382	廣達	3.26	2347	聯強	4.36
2886	兆豐金	2.97	2327	國巨	3.55
2325	矽品	2.8	3034	聯詠	2.72
2379	瑞昱	2.51	2449	京元電	4.05
2376	技嘉	3.08	6176	瑞儀	4.02
2377	微星	5.36	6239	力成	2.45
1723	中碳	1.73	3231	緯創	2.5

資料日期：2016/4/7

FTSE 合作編製指數 → 台灣高股息指數當日成份股）。

　既然 0056 是標榜「高股息」，那麼來看一下歷年的股息與殖利率。從下頁表可以看出，0056 自 2007 年成立至 2017 年 3 月，平均股息殖利率是 4.2%，高過 0050 的 3.1%，但是在 2007、2008、2010 這 3 年，0056 卻沒有配息。

台灣高股息歷年股利與殖利率			
股利發放年度	現金股利（元）	平均股價（元）	股息殖利率（％）
2007	0	25.6	0
2008	0	21.2	0
2009	2	19.5	10.26
2010	0	24.1	0
2011	2.2	25.8	8.53
2012	1.3	23.7	5.49
2013	0.85	23.5	3.62
2014	1	24.3	4.12
2015	1	23.1	4.33
2016	1.3	22.9	5.68
平均	0.97	23.37	4.2

　　根據公開說明書中的說明，0056 在每年 9 月 30 日收益評價日的股價，必須高過發行時的 25 元價格，才能配息，目的是避免在一開始以 25 元發行價格買進的投資人，明明在帳面上是賠錢，卻還拿本金來配息，而且領到股息後還要繳稅。但是配息不穩定，會影響靠股息生活的投資人，後來就取消這個規定，所以從 2011 年以後每年都會配息。

　　0050 與 0056 的最大差異，在於 0050 是被動型基金，成份股就是市值最大的 50 家公司，基金經理人根本不用選股

（也不准他選股）；0056 則是從台灣 50 與台灣中型 100，總共 150 家公司中，由基金經理人挑選預估未來 1 年現金股利殖利率最高的 30 支股票。由於經理人有「預估選股」的動作，因此就歸類為主動型的基金，這就要考驗基金經理人的操盤功力。

由於 0056 是由預估會有高配息的 30 支股票所組成，所以基金一定會收到 30 支股票的股利，但是在 2010 年卻沒有配息給投資人，不是很奇怪嗎？原因在於 0056 每半年定期、或是因意外因素會非定期調整成份股的名單及權重，在調整時會產生損益。

舉例來說，宏達電（2498）在 2013 年曾入列 0056 成份股，後來被踢了出去，但可是 0056 在買進宏達電的時候股價很貴，賣出的時候卻很便宜，就會產稱生虧損。所以儘管 0056 有收到股息，經理人在調整持股的時候，因為高買低賣，把配息的錢損失掉了，2010 年就無法配出股息。

主動型基金績效會跟經理人的功力綁在一起，不過也不用太悲觀，因為 0056 是從台股中高股息的股票挑選，選中壞股票的機率不高，而且分散到 30 家股票，就算選到 1、2 家壞股

票,影響也會大幅降低。

最後一點,基金在調整成份股時,踢出壞股票的時候會賠錢,但是挑中好股票時也會賺到價差,所以就算偶爾挑中壞股票,對整體的影響其實並不大。如果投資人沒有時間研究股票,只是聽所謂的老師亂報明牌,相比之下,0056 還算是很安穩的投資,長期下來會打敗「定存利率+通膨率」。

⑤ 貫徹低點買策略 保證獲利

0056 的操作模式跟 0050 極為相似,一樣是不會倒閉的股票,只要是逢低勇敢買、一直買,就可以增加報酬率,重點在於低買。

看看下頁 0056 的走勢圖,2015 年底到 2016 年初,全球股市極不穩定,台股也醞釀一番下跌行情,此時如果逢低買進 0056,短線反彈後均可獲利,依照歷史走勢推估,0056 的股價跌破 21 元就已經是相對低點,跌破 20 元之後,更要勇敢買進。

0056 具有高股息的題材,因此當股市重挫,不少投資人採

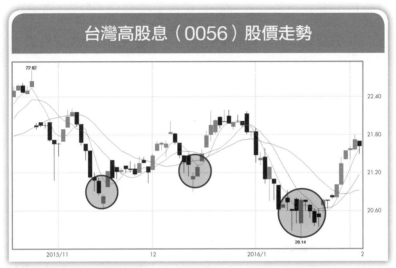

台灣高股息（0056）股價走勢

資料來源：富貴贏家（精誠資訊）

取現金為王的策略時，賣出賠錢的股票後，就會買進高股息的 0056 來避險，如此一來，0056 的跌幅就會縮小，成交量則會大增。

舉例來講，在 2015 年 12 月 31 日到 2016 年 1 月 18 日的大跌過程中，大盤指數從 8338.06 點跌到 7811.18 點，跌幅 6.32%，0056 的股價從 21.85 元跌到 20.77 元，跌幅 4.94%，明顯較大盤來得輕，就是高股息、現金為王的威力，使得 0056 發揮抗跌的效果。後面會介紹幾種 0056 的操作方

法，但是在這裡要先建立低點勇敢買的觀念。投資 0050 跟
0056，只要貫徹低點勇敢買的策略，長期下來一定能賺到錢。

$ 股價便宜 適合小資族長期投資

0056 自 2011 年起才開始穩定配息，從 2012 開始，0056
的股息殖利率每年都贏過 0050。

股息殖利率比較						單位：%
股利發放年度	2012	2013	2014	2015	2016	平均值
台灣50	3.54	2.40	2.43	3.02	3.85	3.05
台灣高股息	5.49	3.62	4.12	4.33	5.68	4.65

從上表的數據來看，0056 會比較適合長期投資嗎？我在
《6 年存到 300 張股票》書中有提到，投資股票的獲利方式
有兩種：股息與資本利得（價差）。0056 的股息比較多，只
贏了一半，還要再來看一下淨值的成長，也就是有沒有賺到
資本利得。

首先來看看 0050 的基金淨值成長情況，為了計算方便，

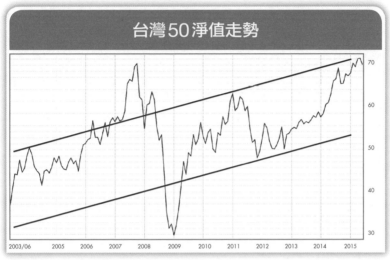

台灣50淨值走勢

資料來源：MoneyDJ 資料日期：2003/6/30～2015/6/30

我取用了整數的年份，也就是從發行日 2003 年 6 月 30 日到 2015 年 6 月 30 日，總共 12 年區間的淨值走勢，可以明顯看出成長的趨勢。

再看看次頁的 0056 淨值圖，發現只是在區間上下震盪而已，長期下來並沒有成長。

由於 0050 與 0056 這兩個 ETF 的股價會貼近淨值，對於長期投資 0050 的人來說，可以享受到基金淨值的成長，也就是股價會上漲，有賺到資本利得；但是 0056 的淨值顯然沒有成長的趨勢，因此股價就是橫盤整理了。

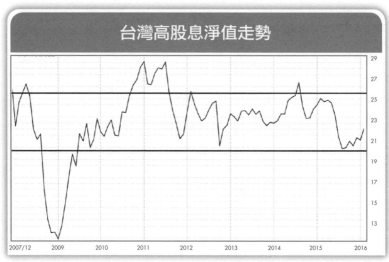

資料來源：MoneyDJ 資料日期：2007/12/13～2016/2/3

　　那麼0050的淨值成長率是多少呢？從2003年6月30日成立時淨值36.8元，計算至2015年6月30日的淨值69.74元，12年期間的成長幅度為189.5%，換算下來每年平均成長5.47%。所以，長期持有0050除了可以得到股利，股價（淨值）還會持續成長，整體計算下來應該會勝過0056，因為0056的淨值沒有成長。

　　總結一下，0056的股息較優，但是0050的淨值會成長，歸根究底應該還是因為成份股與操作模式的不同。0050是選擇台灣市值最大的50家公司，基本上都是根基穩固的龍頭型

企業，而且會持續淘汰壞公司並加入好公司，所以淨值能夠持續成長。

　　但是 0056 是選擇預估股息殖利率最高的 30 家公司，首先「預估」就可能失準，加上是經理人選股的主動型基金，基金經理費會比較高（0056 的經理費用為 0.4%，0050 則是 0.32%），而且主動型的 0056 周轉率一定比被動型的 0050 頻繁，交易費用也比較高，就會影響到基金淨值，事實也證明，0056 的淨值幾乎沒有成長，只是穩定配發股利而已。

　　如果要長期投資，0050 看起來優於 0056，從成立至 2015 年 6 月 30 日，除了每年平均 3.1% 的股息殖利率，還有 5.47% 的淨值成長率，合起來就是 8.57%。從 2015 年下半年到 2017 年初，0050 依然維持穩定的成長。

　　至於 0056，優點是股息殖利率比較高，儘管淨值似乎沒有成長，但是如果持股成本比較低，一樣可以創造不錯的報酬率。以 1.2 元的現金股利來舉例，假設你的成本是 25 元，股息殖利率為 4.8%；如果成本降至 20 元，殖利率就高達 6%，幾乎是現在定存利率的 5 倍。

　　所以 0056 一樣可以長期投資，但是建議要搭配微笑曲線、三角形往下買（第 11 章會介紹）的操作模式，持續降低持有成本，以增加股息的報酬率，而且 0056 的價格比 0050 便宜，1 張只有 2 萬多元，很適合上班族每個月定期買進。

$ 跟著成交量買 輕鬆打敗大盤

　　0056 除了逢低買進、長期持有的存股模式之外，其實我更喜歡做價差，因為價差不用繳稅，而且可以賺得比較多。0056 每年大約都是配發 1 元股利，價差要賺超過 1 元也並非難事，何必傻傻地放一整年領股利呢？從 0056 的淨值走勢圖可以發現，淨值幾乎都在 20 ～ 25 元區間上下波動，這就有了做價差的空間。

　　0056 的技術分析，幾乎跟操作 0050 的技巧差不多，因為同樣都是由幾十支股票所組成的 ETF，所以我同樣使用 20 週線、KD、MACD 等指標，只是，如果要連動大盤的話，還是 0050 比較精確，因此除了上述的技術分析之外，操作 0056 時我還會參考成交量指標。

　　0056 與 0050 最大的差別就在於成交量，0056 平時每天只有區區幾百張的交易量，但是在大盤重挫導致 0056 股價大跌（股息殖利率上升），撿便宜的買盤會湧入，成交量就會暴增。2015 年台股從 4 月的萬點一路崩跌到 8 月的 7203 點，0056 的股價也從 25 元，一路下滑到 19 元。

　　來看看 0056 股價與成交量之間的關係，在 4 月萬點的高點時，每天只有幾百張的成交量，而在 8 月 24 日重挫時，居然爆出 1.58 萬張的大量，用週線可以更清楚看出股價與成交量之間的關係，掌握成交暴大量的時候買進，通常可以買在相對

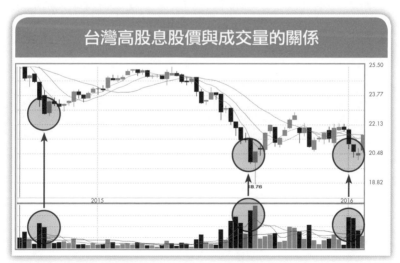

台灣高股息股價與成交量的關係

資料來源：富貴贏家（精誠資訊）

的低點。

用數字來統計一下，在上頁圖中 3 個成交暴大量的時間點，買進 0056 並放到波段高點後賣出，總共賺進 44.7%，獲利頗為驚人。圖中統計的區間是從 2014 年 10 月到 2016 年 2 月初，大盤在 2015 年 4 月上萬點之後就一路崩跌，不少投資人到 2016 年初時仍處於虧損階段。

只看成交暴大量這個指標來買賣 0056，居然可以創造 44.7% 的報酬率，就算無法買在最低並賣在最高點，打個對折後依然賺進 22.4%，輕輕鬆鬆就打敗大盤。

前面說過，0056 是不會倒閉的股票，就算買貴了，放著領股利也划算，因此吸引不少投資人買進持有，反正只要傻傻

看成交量賺 0056 價差					
日期	2014/10/24	2015/3/6	2015/8/21	2015/10/23	2016/1/15	2016/9/26
股價（元）	22.75	25.25	20.02	22.65	20.6	24.85
價差（元）	2.5		2.63		4.25	
報酬率（%）	11		13.1		20.6	

地存、穩穩地領股利就好了。如果真的傻傻地存，我相信總有一天還是會賺錢，可惜影響投資的最大變數還是自己的情緒。我一直相信 Simple is beautiful（簡單就是美），對於 0050 跟 0056 這種 ETF 股票，越簡單的操作策略往往最有效。例如堅持在 23 元以下持續買進 0056，長期下來一定會賺錢。

$ 輸家跟贏家 別再選錯邊

股市只有輸家和贏家，不少人一開始都想長期持有 0056 當贏家，但是看著股價一直跌，長期投資的信念就不斷被摧殘。

輸家的想法是：「股價會不會繼續跌下去？」「將來變壁紙怎麼辦？」「趕快賣掉來避免更大的損失！」「拿回現金最重要。」恐慌的想法會令人不計成本地賣出股票，而且恐慌的情緒會蔓延，加上媒體不斷強調「現金為王」，一大群輸家往往在股價低點瘋狂地、集體地賣出股票，造就了成交暴大量。

股票有人賣，也要有人買才會成交。當恐慌的輸家拼命殺低、大量賣出便宜股票時，理性的贏家會發現股票的價值，趁著輸家集體崩潰之際，大量承接輸家賣出的股票。每次 0056

股價大跌時，就是輸家和贏家大量交換股票的時候，此時我們就可以看見成交暴大量的現象。

等到股市回穩，不少股票已經轉移到贏家手上，贏家不會急著獲利了結，因為買得很便宜，就算放著領股利也划算，所以這些股票都是很穩定的籌碼，於是平時的成交量就不會太大。因為 0056 平時的交易量不大，所以成交暴大量的現象很容易觀察得到。成交暴大量時就是贏家和輸家大量交換股票的時候，千萬別跑錯方向！

$ 除息後買進 可以撿到便宜價

0056 固定在每年 10 月底除息，通常這個月的成交量也會暴大量，表示有不少投資人趁 0056 除息的時候，低價買進。

除息後買進的好處是比較便宜，例如 2014 年 10 月 23 日，0056 收盤價是 23.96 元，隔天除息 1 元，10 月 24 日開盤時的除息參考價為 22.96 元，是不是變便宜了？

觀察 0056 的交易情況，發現除息的 10 月及 11 月，都有交易量放大的情況，也就是投資人趁除息後進來撿便宜。看看下

面的統計表，每年的除息參考價都低於該年的平均價，確實有
便宜可以撿。

台灣高股息近年股價表現					單位：元
除息日期	除息 參考價	最高價	最低價	平均價	價差報酬率 （%）
2011/10/26	23.01 *價差*	29.96	20.78	25.37	—
2012/10/24	23.10	25.90	20.76	23.33	12.56
2013/10/24	23.33	24.79	21.98	23.39	7.32
2014/10/24	22.96	26.67	22.44	24.56	14.32
2015/10/26	21.65	25.40	18.76	23.10	10.63
2016/10/26	24.05	25.35	22.9	23.1	17.1

　　撿到便宜就表示有價差可以賺，看看 2011 年 10 月 26 日
的除息參考價是 23.01 元，如果在除息時買進，持續放到
2012 年的最高價 25.9 元，1 股就賺進 2.89 元的價差，報
酬率是 12.56%。依此類推，2013、2014 與 2015 年的報酬
率，分別為 7.32%、14.32%、10.63% 及 17.1%，幾乎是股息
殖利率的 2 ～ 3 倍。

　　讀者或許會問，要如何賣在隔年的最高價？只有神仙才知

道最高價，但是就算我們打個 5 折，一樣可以賺進股息的 1～1.5 倍，而且價差還不用繳所得稅，贏過乖乖領股利。

從上面結果可以看出，投資 0056 不需要老老實實抱著領股利（最主要原因還是淨值沒有成長），利用每年除息，股價比較便宜時買進，反而可以創造更高的利潤。結論還是那一句話，0056 不會倒閉，又有穩定的股利，因此盡量在低價時買進降低持股成本，就可以增加獲利的機會。

0050 跟 0056 對我來說都只是做價差的工具，因為交易成本低（證交稅只有 0.1%）、價差不用繳稅，就算被套牢也可以安心領股利，股票不會變壁紙。不過我還是比較喜歡以長線的方式做價差，也就是利用 20 週線、週 KD、週 MACD、成交量來判斷買賣的時機。

0050 跟 0056 做價差的要訣在於不貪心，1 年可以分成 4 季，只要每季作 1 次價差，每次賺個幾趴，1 年加起來就賺到十幾趴，也挺不錯。如果太貪心，希望每天、每週都能夠賺到價差，不僅會因為貼得太近，反而無法正確看準股市走向，也會在不知不覺中不斷增加交易成本。不僅賺不到錢，還賠上心情、手續費、證交稅，真是得不償失。

投資筆記

每 年 多 存 300 張 股 票

第11章

操作篇

三角形買賣法
低買高賣賺價差

投資股票時，大家都想買在最低點，但不是每個人都做得到。我自認沒有預測最低點的本事，但是可以運用一些數學上的技巧，讓自己買在相對低點，三角形買賣法就是我使用的方式之一。

大家都看過三角形吧，形狀就是頂點小、底部大，特點是重心距離底部只有高的三分之一。三角形可以運用在往下買進股票，特別是國際政經局勢不穩，股價大崩跌的時候。

簡單來講，就是在股價剛開始下跌時（三角形頂點）先買進一點做試探，避免一下子買太多而被套牢在高點；接著越跌買越多，最後在股價底部時（三角形底部）買進的張數會最多，好處是可以降低買進成本（三角形重心低），來看看三角形在買賣股票上的實際運用。

Ⓢ 三角型買法 越跌越買 提高贏家勝率

以台灣 50（0050）為例，2008 年金融海嘯期間，當股價跌到 40 ～ 45 元區間，就用平均價 42.5 元買進 1 張；繼續跌到 35 ～ 40 元區間，用平均價 37.5 元買進 2 張；再跌到

30 ～ 35 元時，再用平均價 32.5 元買 3 張，因為每次都多買
1 張，所以形狀就很像三角形。總共買了 6 張，但是有 3 張是
在底部 30 ～ 35 元區間買進。

買進價格從 42.5 元（頂點）跌到 32.5 元（底部），總共
跌了 10 元（三角形的高），但是平均成本（三角形重心）只
有 35.83 元。由於三角形「高的三分之一」也就是 10÷3 ＝
3.33 元，因此底部價 32.5 元＋ 3.33 元＝ 35.8 元，剛好就是
重心，也就是平均買進成本。

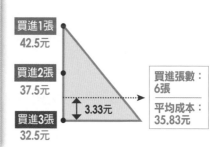

三角形買法			單位：元
價格區間	平均買價	買進張數	買進金額
40～45	42.5	1	42,500
35～40	37.5	2	7,5000
30～35	32.5	3	9,7500
總計	－	6	21,5000
平均成本：35.83元			

如果這 6 張股票不是用三角形買法，而是用等張數的方法買
進，結果又如何呢？等張數買法就像是長方形，因為每次買的
張數都一樣。從下面圖表可以看出，等張數（長方形）買法的

平均成本是 37.5 元，是不是多過三角形買法的 35.83 元呢？
一樣買進 6 張，成本卻多了 1.67 元，相當於少賺了 1 整年的
股利，由此可見，想投資股票，成本真的很重要。

長方形買法 單位：元			
價格區間	買價	買進張數	買進金額
40～45	42.5	2	85,000
35～40	37.5	2	75,000
30～35	32.5	2	65,000
總計	－	6	225,000
平均成本：37.5元			

買進2張 42.5元
買進2張 37.5元
買進2張 32.5元
買進張數：6張
平均成本：37.5元

上面是用金融海嘯期間，0050 股價跌到 30、40 元來做例
子，讀者或許會覺得不切實際，因為股價這麼低的機會太少
了。0050 成立至今的平均股價大約 54 元，那麼我們取 55 元
整數，再估算從 55 元往下買的成本，用三角形買法，計算出
來的平均成本只有 39.17 元。如果用等張數買法，計算出來
的成本是 42.5 元，足足高了 3.33 元，大概就少賺了 2 年的
股利。從這裡可以看出，當股價持續大跌，使用三角形買法，
確實可以降低成本、增加獲利。

三角形買法有效降低成本					單位：元
買進方法		三角形買法		等張數買法	
價格區間	買價	買進張數	買進金額	買進張數	買進金額
50～55	52.5	1	52,500	3	157,500
45～50	47.5	2	95,000	3	142,500
40～45	42.5	3	127,500	3	127,500
35～40	37.5	4	150,000	3	112,500
30～35	32.5	5	162,500	3	97,500
總計	－	15	587,500	15	63,7500
平均成本		**39.17**		**42.5**	

　　再來看看最近 1 年的例子，2015 年 6 月 25 日，0050 股價從高點的 70.65 元，逐步滑落到 8 月 24 日最低的 55.4 元，如果在這 2 個月的崩跌期間，採用三角形買法分 3 次買進，平均買進成本為（70.65 － 55.4）÷3 ＋ 55.4 ＝ 60.48 元；此後股價開始緩步往上漲到 10 月 15 日的 66 元，1 股就會賺進 5.52 元的價差，2 個月的報酬率高達 9.13%。

　　從上面的例子，可以歸納出三角形買法的特點。

特點❶ 適合不會倒的股票

　　要相信 0050 不會倒閉，勇敢地一直往下承接，而且要像三角形一樣越跌買越多。如此一來，持股平均成本就會快速下

271

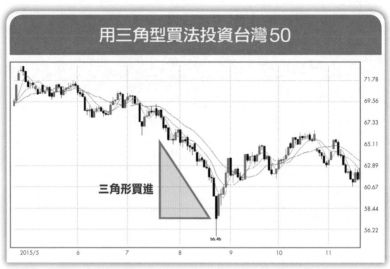

資料來源：富貴贏家（精誠資訊）

降，一旦遇上股價反彈，就可以享受到不錯的利潤。

特點❷ 避免套在高點

堅守三角形的特性，剛開始買進時（三角形的頂點）一定是只買進一點點做試探，才可以避免在股價初跌時，不小心誤判股價而大量買進，將所有的資金都套牢在高點。

特點❸ 底部大量承接

只要有紀律地遵守三角形買法，一定會在股價底部買進大量股票，這是未來賺錢的籌碼。

特點❹ 需要大量資金

三角形買法最大的缺點是資金的運用，因為要越跌買越多，因此越到後面需要越多資金。如果不是口袋深不見底的投資人，必須依照自己的資金來做規畫。

例如當資金充足時，可以設定股價每跌 1 元就加碼一次；可是當資金比較欠缺時，可以改成每下跌 1.5 元、或是 2 元再加碼一次，才能減少資金的壓力。但是，不管是設定幾元加碼，一定要遵守三角形越跌買越多的原則，才可以發揮三角形重心低（成本低）的優勢。

特點❺ 紀律

除了上述資金障礙外，投資人還會面臨心理上的障礙，看著股價一直跌，卻還要越跌買越多，恐怕不是每個人都能承受這個壓力。要給自己心理建設，相信台灣不會毀滅、0050 不會倒閉……然後用紀律來克服內心的恐懼，管他股價一直跌，我就是有紀律地一直買。

三角形買法可以用來說明越跌越買的觀念，當然也適合其他績優股票的操作。不過，「穩定的好公司」是買進的先決條件，如果買進宏達電（2498），就算你採用三角形買法，

從 1,300 元往下買進到 40 元，你的成本依然高達（1,300 －
40）÷3 ＋ 40 ＝ 460 元，幾乎不可能賺錢。

反觀 0050 跟 0056「不會倒閉」的特性，可以讓你無後顧
之憂地使用三角形買法，只要買進的平均成本夠便宜，將來就
可以股利、價差兩頭賺。

$ 倒三角形賣法 | 賣在相對高點 開心收穫

我個人不是很喜歡將 0050 當定存股，因為每年只發配 1 ～
2 元的現金股利。如果照前面說明的三角形買法，從 55 元往

存0050 資產翻倍速度慢			
股利發放年度	現金股利（元）	股息殖利率（%）	資產翻倍年數（年）
2008	2	5.11	14.1
2009	1	2.55	28.2
2010	2.2	5.62	12.82
2011	1.95	4.98	14.46
2012	1.85	4.72	15.24
2013	1.35	3.45	20.89
2014	1.55	3.96	18.2
2015	2	5.11	14.1
2016	2.55	6.51	11.1

說明：股息殖利率以平均成本39.17元計算

下買進，平均成本是 39.17 元（見 P. 271 表），計算最近幾年的股息殖利率，結果都偏低！再使用 72 法則來計算投資翻倍所需要的年數，平均是 16.6 年，有點偏高。

上面的數字還是用成本很低的 39.17 元來計算喔！如果成本是 50、60 元，那麼 0050 存起來就會更無感。假設你花了 500、600 萬元買進 100 張 0050，存了 1 年只有領到 10、20 萬元現金股利，雖然比 6.7 萬多元的定存利息高，但是這筆股利可以讓你改變未來嗎？還是不滿意、但可接受的無感呢？0050 的優點只是穩定、不會倒閉，但是講到股利，就不迷人了。

想要享受 0050 的穩定，又想要賺取更大的報酬，就不要死抱著領股利，而是要做價差。做價差最重要的還是要預測高低點，我常說：「能夠買在最低點、賣在最高點的是神仙。」我們凡人只能夠抓相對高低點。前面介紹的三角形買法，就可以抓住相對低的平均買點；那麼，可否舉一反三，一樣用三角形來抓相對高的賣點呢？以下就來介紹倒三角形賣法。

假設 0050 股價在 55 元以下時，採用三角形買法的平均成

本是 39.17 元；那麼等股價漲上 55 元以後，再採用倒三角形賣法，又會如何呢？

倒三角形賣法　　　單位：元			
價格區間	賣價	賣出張數	賣出金額
55～60	57.5	1	57,500
60～65	62.5	2	125,000
65～70	67.5	3	202,500
70～75	72.5	4	290,000
總計	－	10	675,000
平均賣價：67.5			

賣出4張 72.5元

賣出3張 67.5元

賣出2張 62.5元

賣出1張 57.5元

賣出張數：10張
平均賣價：67.5元

一樣是 5 元一個區間，計算出來的平均賣價是 67.5，每股賺進 67.5 － 39.17 ＝ 28.33 元，等於一次把 10 幾年的股利賺到手，這就很有感了。上述做法適合大波段，也就是景氣往下時，採用微笑曲線的方式慢慢逢低承接，加上三角形買法的渦輪增壓，在低點建立大量持股來降低平均買進成本。

等到景氣回溫，採用哭臉曲線的方式逢高賣出，加上倒三角形賣法，可以將多數的股票賣在高點，就可以開心地賺取大量價差。在 2008 ～ 2012 年這個區間，就是一個很好的例子。

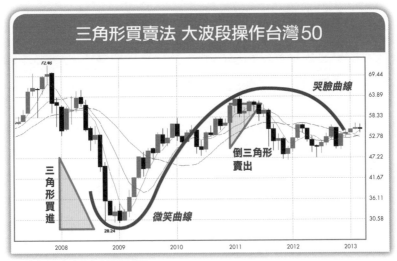

三角形買賣法 大波段操作台灣50

資料來源：富貴贏家（精誠資訊）

　　不過大波段畢竟可遇而不可求，可能好幾年才會碰到，難道要痴痴地等嗎？還是1年可以做幾次價差，每次賺個幾趴，這樣1年也可以賺個十幾趴呢？後面要介紹的KD、MACD技術指標，就是我在做0050短線價差時，最常用的參考指標。

$ KD指標 找出短線價差買賣點

　　KD指標，是1957年美國人喬治‧萊恩（George C. Lane）所創立，全名是Stochastic Oscillator，意思是「隨機指標」。

它是由繁複的數學公式計算而來，好像看不出「隨機」在哪裡，所以我不打算在這邊講解計算式，只要會使用就好了，就像你不需要知道手機的拍照原理，只要會拍出漂亮的照片就可以了。

KD 指標涵蓋了一定時間內最高價與最低價的概念，因此被廣為應用，KD 指標包含 2 條趨勢線，一條代表 K 值，另一條代表 D 值，兩者永遠介於 0～100 之間，依照每日、每週、每月的收盤價，又可以分為日 KD、週 KD、月 KD。

一般而言，當 KD 指標大於 50，代表股價偏多；相反的，一旦指標低於 50，股價就是偏空，通常 KD 指標在 80 以上時，代表市場過熱，有跌價風險；KD 指標小於 20 時，則視為低檔反彈訊號。

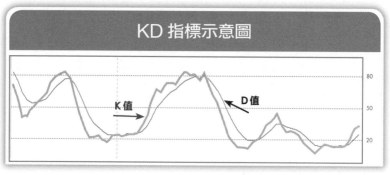

KD 指標示意圖

資料來源：富貴贏家（精誠資訊）

　　但是請先記住,技術指標僅供參考,不會完全準確。以下用
0050 舉例説明 KD 指標實際應用的方法,由於 0050 是跟大盤
連動,不容易在幾天內暴漲暴跌,所以我的習慣是看週 KD,
當然也會看日 KD 來當做輔助,然後通常只看 K 值。

用法❶ KD 指標< 20

　　進入低檔超賣區,代表股價冷清、處於低檔;如果小於
10,那麼短期內就很可能反彈。如下圖所示,在 2015 年 8
月 21 日時,K 值小於 10,0050 股價旋即開始往上盤昇。

資料來源:富貴贏家(精誠資訊)

用法❷ KD 指標 > 80

進入高檔超買區，代表股價過熱、處於高檔；如果大於90，那麼短期內很可能回檔。從上頁圖來看，0050 在 2015年 10 月 23 日時，K 值大於 80（我習慣只看 K 值），沒多久股價就開始往下。

用法❸ KD 黃金交叉

當 K 值由下往上突破 D 值，是重要的買進訊號，0050 在2014 年 11 月 7 日，該週收盤價為 65.2 元，週 KD 黃金交叉之後，股價開始往上。

用法❹ KD 死亡交叉

當 K 值由上往下跌破 D 值，就是賣出、放空的訊號。0050在 2015 年 03 月 27 日，該週收盤價為 68.75 元，週 KD 死亡交叉後，股價開始走跌。

黃金交叉通常發生在 K 值位於 20 的低檔區，而死亡交叉則發生在 K 值位於 80 的高檔區。如果按照上例，黃金交叉買進、死亡交叉賣出，獲利 68.75 － 65.2 ＝ 3.55 元，報酬率為 5.44%。4 個多月賺進 5.44%，相當於中華電（2412）1 年的股利，而且價差完全不用繳所得稅和健保補充費，很不錯！

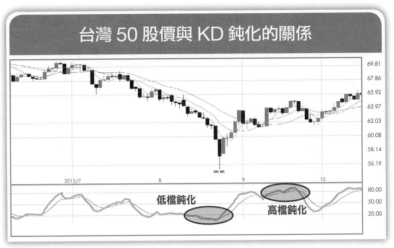

台灣 50 股價與 KD 鈍化的關係

低檔鈍化

高檔鈍化

資料來源：富貴贏家（精誠資訊）

用法❺ KD 鈍化

如上圖所示，當 K 值連續 3 天在 80 以上，就叫做高檔鈍化；K 值連續 3 天在 20 以下，就叫做低檔鈍化。出現高檔鈍化，表示股價強勢，續漲的機會很高，不要輕易賣出；出現低檔鈍化，表示股價弱勢，續跌的機率很高，不要輕易買進。

⑤ 搭配 MACD 抓住年賺 20% 的機會

MACD（Moving Average Convergence／Divergence，指數平滑異同移動平均線），由傑若德‧艾培爾（Gerald Appel）於

1970 年代提出，用來研判股價變化的強度、方向、能量及趨勢週期，以便掌握股票買進和賣出的時機。簡單來講，MACD 就是長期移動平均線與短期移動平均線，兩者間收斂或發散的關係，用來判斷買賣時機。

MACD 指標由一組曲線（快線 DIF、慢線 MACD），與 OSC 柱狀圖形（快線 DIF 減慢線 MACD）組成。同樣的，怎麼算出來不重要，也不需要懂，會應用比較重要。MACD 我一樣是看週線，由於敏感度較低，適合操作週期比較長的股票，像是幾個月買賣一次的 0050，我就覺得很適合。

操作 0050 做價差時，我很喜歡用 MACD 搭配 KD 的技術指標，以下是用日線來說明。究竟是要用日線、週線還是月線？其實我都會看，一起拿來比較。

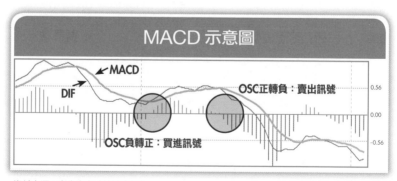

資料來源：富貴贏家（精誠資訊）

方法❶ 股價高點

根據我的觀察，當 KD 出現死亡交叉，且 MACD 的 OSC 柱狀圖也達到近期的最高點時，股價極可能是在波段高點，有可能會開始往下，此時可以開始賣出股票。

方法❷ 股價低點

當 KD 黃金交叉，且 MACD 的 OSC 柱狀圖來到近期的最低點時，股價極可能是在波段低點，有可能開始往上，此時可以開始買進股票。

2015 年下半年，台股豬羊變色，大盤指數在 8400 點附近

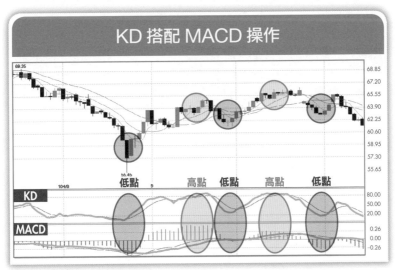

資料來源：富貴贏家（精誠資訊）

上下震盪，如果用日 KD 搭配 MACD 的操作方式，大約可以抓到 3 次 KD 黃金交叉，而且 MACD 的 OSC 柱狀圖在相對低點的時機，此時低價買進就會有賺價差的機會。

統計一下上頁圖中股價與指標的關係，3 次操作總共賺進 23.6%，相較於存中華電 1 年只有 5% 的報酬率來看，確實很不錯，做價差還是有它迷人的地方！

從這裡也可以看出，在大盤急跌破底的時候，靜心等待 KD 指標出現黃金交叉，並且觀察到 MACD 的 OSC 柱狀圖在最低點時，才開始買進，就可以避免買在初跌時的高點，而且可以創造出最大的利潤，因此，2015 年 8 月的報酬率高達

短線操作 0050 的報酬率				
日期	股價（元）	KD	MACD 柱狀圖	報酬率（%）
2015/08/24	57.5	黃金交叉	相對低點	12.8
2015/09/18	64.85	死亡交叉	相對高點	
2015/10/01	63.6	黃金交叉	相對低點	3
2015/10/21	65.5	死亡交叉	相對高點	
2015/11/03	64.3	黃金交叉	相對低點	7.8
2016/07/22	69.3	死亡交叉	相對高點	

12.8%。操作 0050，1 年只要耐心等到幾次機會，賺進 20% 並不是難事。

$ 8 個步驟 學會賺 0050 短線價差

想要靠 0050 做價差，就是要耐得住性子，靜靜等待股價落底，要像鱷魚般每天張大嘴巴、等待獵物上鉤，飽餐一次就可以撐上幾個月，然後耐心等待下一次的進食機會。因為要耐心等待，所以我個人比較喜歡看週線，比較不會被短線消息所干擾。

我的習慣是，當股價跌落 20 週線才考慮買進，成本就會比較低，然後觀看 KD 跟 MACD 指標，靜待股價落底。當然技術指標不可能百分百準確，指標會騙人，我們也會誤判指標，所以我還會靠低檔分批加碼的方式來持續降低持股成本，也就是前面說的三角形跟微笑曲線買法，以下就是我買進 0050 的流程。

步驟❶ 20 週線

當 0050 股價跌到 20 週線以下，我就會考慮買進，此時買

進持股成本比較低，也可以避免買在高點被套牢，因為是要做價差，只要買得夠便宜，先贏了一半。但是當股市上演大行情（或是大崩盤）時，20週線的方法就不適用。

步驟❷ KD 與 MACD

就算股價跌到 20 週線之下，沒有止跌前，如果就戴著鋼盔往前衝，很有可能會接到掉下來的刀子，而買在高點。所以我還會參考 KD 與 MACD 指標，用來判斷股價的底部。當 20 週線、KD、MACD 都符合條件時，我習慣先用三分之一的資金買進。

步驟❸ 三角形往下買

儘管用上面 3 個指標判斷並買進後，股價仍有可能持續落底，這時剩餘的三分之二資金就很有用，但也考驗著投資人低檔加碼的功力，如果太急著逢低加碼，最後結局就是太早耗盡銀彈，往後股價跌到大拍賣的價位時，就只能乾瞪眼。如果搭配三角形買法，就可以避免上述的缺點，為了方便實現，我又將它簡化成為「一三五七」加碼法。

步驟❹ 一三五七加碼

現在大家都用網路下單，好處是券商的下單軟體會主動幫你

統計持股的平均成本，順便幫你計算出報酬率。

當我買進 0050 後，如果股價持續下跌，只要報酬率在 –1% 以內，我就一次只加碼 1 個單位（例如 1 週買進 1 張或是 100 股），這個就是「一」；如果股價續跌，報酬率在 –1%～–3% 之間，就一次買進 3 個單位（一週買進 3 張或是 300 股），這個就是「三」；同理，報酬率在 –3%～–5% 之間，就一次買進 5 個單位，這個就是「五」，然後依此類推……

這種加碼法很簡單，報酬率越差，就買越多。加碼的時候要視自己口袋的資金做分配，一次可以買進 1 張或 100 股，加碼的間隔也可以是 1 天、1 週或 1 個月，重點還是要做好資金分配。

步驟❺ 微笑曲線

0050 很難在短期間內大跌，特別是評估了 20 週線、KD、MACD 之後才開始買進，已經買在相對低點了，因此報酬率要差到 -7% 以上不容易。如果股價開始由底部往上，我還是會依照「一三五七」的方式繼續加碼，也就是在下跌和反彈的過程，用「一三五七」的加碼方式走完一個微笑曲線，可以確保所有的資金都買在低點的位置，然後耐心等待收割。

步驟❻ T50 正 2（00631L）

　　T50 正 2 是 2 倍槓桿型 ETF，漲跌幅度約 0050 的 2 倍，當 0050 上漲 5%，T50 正 2 理論上會上漲 10%。在貫徹「一三五七」的加碼方式時，最大的困擾還是資金不足，往往太早消耗完子彈，在底部時沒有足夠的資金持續加碼。於是當我資金不足，而且預估已經接近底部時，就會轉買 T50 正 2，可以用比較少的資金，但是發揮 2 倍槓桿的效益，來持續逢低加碼。

　　但是 T50 正 2 是衍生性 ETF，沒有股利可以領，我認為不適合長期投資。我的操作還是以 0050 為主，只有在底部且資金缺乏時，才會買進便宜但有 2 倍槓桿的 T50 正 2。

步驟❼ 賺到就跑

　　用技術分析的方式做價差，我習慣賺到就跑，不去賭未來的景氣。觀察過去紀錄，不管是多頭還是空頭市場，0050 每年都有幾次做價差獲利的機會。賺到就跑，保留現金，才能把握下一次「賺到就跑」的機會。賣出時一樣使用倒三角型賣法，也可以採用一三五七賣法，就可以將多數股票賣在高點。

步驟❽ 邊際效應

　　操作 0050，除了賺價差之外，我覺得還有觀察股市走勢的

邊際效應。什麼意思呢？比如在獲利了結賣光 0050 之後，0050 的股價還是緩步向上，除了捶心肝之外，還有其他更有建設性的方法嗎？

其實 0050 的走勢就是大盤的動向，當我賣光 0050 之後，就表示大盤處在相對高點，此時我也會把它當成一個警訊，一旦大盤持續上漲，我會開始賣出一些權值股，等將來大盤下跌，再用低價買回權值股賺取價差！做價差最困難的地方，還是在於無法看清楚大盤和股價走勢，因此，操作 0050 成為我觀察大盤走勢的一個指標。

我習慣用固定的一筆資金（例如 200 萬元）來操作 0050，當我用光 200 萬元買進 0050 後，就表示大盤處於相對低點，此時我也會開始逢低買進大型權值股。

以上介紹的是 0050 的操作方式，其實影響股市的因素多不勝數，所以沒有一套理論可以完全適用在股市中，我們只能不斷學習與嘗試，只要抓住「逢低加碼」與「堅持」這 2 個精髓即可，畢竟 0050 具有不會倒閉的特性，就算套牢也有股利可以領，只要能夠撐過景氣循環，勝利女神依舊會回來投資人的身邊。

$ 反向操作 可以獲利與避險

2015 年 4 月底台股上萬點之後，4 個月內崩跌了 2800 點。如果投資人在萬點時賣光 0050，那麼在下跌的過程中只能退出觀望、靜待大盤落底再買進 0050 嗎？還是可以放空 0050，在下跌過程中持續獲利呢？

放空 0050 除了可能遇上券源太少，想放空也沒辦法之外，最怕的還是遇上融券回補。由於 0050 有發放現金股利，因此在股東會、除權息這 2 個時間點需要融券回補，也就是放空 0050 會有時間期限的風險。簡單來說，買進 0050 可以長期持有到獲利再賣出；放空 0050 卻會被強制回補，就算賠錢也要賣出，無法長期持有。

因為上述放空 0050 的困難與風險，因此元大投信在 2014 年 11 月推出了 T50 反 1（00632R）這個反向型 ETF 商品，「反 1」顧名思義就是跟 0050 績效相反，而且倍率為 1 倍，例如 0050 上漲 10%，理論上 00632R 會下跌 10%。當你看好台股時可以買進 0050，如果看空則可以買進 00632R。

00632R 的買賣方式跟一般股票一樣，不過證交稅跟 0050

一樣為 0.1%，但是必須開立信用帳戶，初次購買還要簽具
「風險預告書」，且要有買賣期貨、權證、選擇權等經驗，建
議讀者先跟營業員確認。

　　0050 是在市場上買進 50 檔大型股票，所以可以追蹤大盤
的走勢；00632R 則是藉由投資選擇權、期貨或其他衍生性
金融商品，來達到「模擬反向」的目的。最大的差別在於，
0050 因為買進實體股票，所以有股利可以領，而 00632R 則
沒有股利。

　　此外，00632R 是藉由買進金融商品來模擬反向指數，會有
金融商品操作成本較高等不利因素，也就是說，會被操作成本
吃掉報酬率。對我來說，0050 可以長期投資，00632R 則是
以短線操作為主，我不會長期持有（沒有股利、內在成本較
高）。00632R 如果操作得當，具有以下優點。

優點❶ 下跌時也可賺

　　當我在高點出清 0050 之後，本來就是預期大盤會向下反
轉，此時我會拿部分資金買進 00632R，如果真的反轉，還可
以順便賺上一筆。因為不打算長期持有 00632R，所以我只會
投入約三分之一的資金，就是避免萬一誤判行情，導致全部資

金被套牢。0050 就算被套牢也有股利可領，00632R 則沒有股利。所以，操作 00632R 只是我觀察大盤的指標之一。

優點❷ 避險

投資人普遍有「樂觀時會更樂觀」的情緒弱點，我也不例外，當股價持續高漲之際，要賣出股票真的是天人交戰。2015 年股市短暫上萬點，投資人無不引領期盼繼續攻上 12000、15000 點，如果在萬點時有出脫部分股票，買進 00632R；4 個月後股價跌到 7200 點，套牢的績優股仍可以放著領股利，此時 00632R 賺到價差，多少可以彌補一下沒賣出股票的損失。

因此，在高點時儘管捨不得賣股票，如果買進 00632R 就具有避險的功能；如果大盤持續往上漲，儘管 00632R 會賠錢，但是手上的持股會繼續賺，整體算起來也只是「少賺」一點而已。由於我習慣滿手股票，所以當大盤超過 9000 點時，我會慢慢買進 00632R 來避險。

優點❸ 大漲大買

股市有一句名言：「當大家貪婪時我要恐懼」，這句話大家都聽過，但是很多人做不到。人是感情的動物，看著大盤一直

漲，別說賣股票了，反而是勇往直前一直買。結果是大家在高
點時耗光了手上的資金，每個人都等著賣股票，於是以悲劇收
場，而且悲劇會一再重演。

「從眾」是許多投資人情緒上的最大陷阱，看著大盤在高檔
時持續上攻，市場上一片樂觀的情緒，自己也會想要買進，如
果此時你是買進反向的 00632R，一樣可以跟著別人「大漲大
買」，不必違反人性，等到將來股市回檔重挫時，就可以開心
數鈔票。

$

每 年 多 存 300 張 股 票

第12章

操作篇

現金增資
該不該參加？

在2015年有一些上市公司辦理現金增資，例如第一金（2892）、合庫金（5880）、潤泰新（9945）、兆豐金（2886）等，其中最受矚目的應該就是第一金了。現金增資，講白話一點，就是公司伸手跟股東要錢，情況通常有2種：未來前景看好，需要資金來擴大營運；公司發生財務危機，需要資金來弭平虧損。

投資人在參加現金增資之前，一定要先搞清楚公司伸手要錢的原因，特別是一家沒有賺錢、虧損累累的公司，一定要很小心，大約20年前，我拿著48萬元到銀行，幫媽媽繳交鑫成這家公司的現金增資，後來公司結束營業，48萬元有去無回。

再來看看新鉅科（3630）在2013年的現增案，當時新鉅科的股價在100元以上，現增價為90元，1張就有超過1萬元的價差（現增價通常會低於市價，這樣才能吸引股東認購）。當時的新鉅科是一家財務體質不佳的公司，已經連續虧損好幾個季度，但是股價居然在1百元以上，不是很奇怪嗎？這種公司的現金增資，投資人就要小心看待，我是寧可不要。

$ 寧可少賺價差 別因小失大

在現金增資繳款日截止之前，通常公司會做多股價，來吸引投資人認購，例如在市場買進股票支撐股價，或是放出好消息。

當新鉅科放出現增消息時，公司的營收便開始大幅成長，就是靠著會計手法來做多股價，目的是誘使股東去繳款，等到股東繳款結束，公司拿到資金之後，就不再做多股價，股價一路往下跌破現增價，到 2016 年 4 月 7 日時只剩下 14.55 元，參加現增的投資人無不慘賠。所以，現增絕非穩賺不賠，特別是持續虧損、財務體質不佳的公司，寧可少賺現增的價差，也不要賠上本金。

那麼，如果是獲利穩定、好公司的現增，要不要參加呢？中信金（2891）在 2012 年及 2013 年辦理過 2 次現增，我都有參與；2012 年的現增價是 16.3 元，2013 則是 15 元，到 2016 年 4 月時股價在 16.3 元附近，我雖然沒有賺到多少價差，但是至少賺到這幾年的現金＋股票股利。參加好公司的現增，確實有可能賺錢，不過好公司為什麼要辦理現增，跟股東要錢呢？

金管會近年來積極鼓勵金控公司打亞洲盃，金控公司必須籌

備銀彈，來進行海外擴點或併購海外銀行，而且與國外相比，台灣金融機構的資本額偏低，難以在參股或購併業務上取得較合理的談判空間，因此有不少金控表態有意願辦理現金增資，目的就是增加資金用來併購。

$ 3要件評估 貸款參與現增

2015 年 7 月底，第一金要辦理現金增資，第一金表示，為了開拓海外版圖，鎖定印尼、菲律賓與泰國等市場，並從中物色併購標的。小小的一個台灣有這麼多家金控銀行，獲利一定會飽和，想要拓展業務、賺更多的錢，就需要走出去，所以要先跟股東要錢。

由於第一金屬於官股行庫，不可能利用現增名義向股東騙錢，而且最近 10 年都有穩定的獲利並配發股利，算是一家好公司，所以我非常有興趣參加現增，但前提是要先擁有第一金的股票。持有股票的張數越多，將來可以認購的低價現增股數也越多，所以我打算買進 50 張第一金來參與現增，但是當時我只有 20 萬元的自有資金，不夠的錢要從哪裡來？

如果可以先跟銀行借錢，參與現增後賺到錢再來還款，不就是零成本了嗎？因為我是公務員，於是我把腦筋動到公教的低利貸款上面。我跟土地銀行申請 80 萬元信貸，當時的利率是 1.88%，還款期限為 7 年，每個月的還款金額是 10,172 元。

借錢之前，一定要先考量利率的高低及本身還款能力，絕對不要影響到自己的日常生活。我算了一下，7 年下來總共要還 85 萬 4,448 元，也就是要付出 54,448 元的利息，平均 1 年是 7,778 元，但是我馬上可以得到一筆 80 萬元的現金，只要這筆現金每年的收益高過利息，就有利可圖。儘管看起來不錯，但還要符合下面 3 個要件，我才會借錢買股票。

要件❶ 本金安全

一定要買進績優、獲利穩定，而且很難倒閉的龍頭公司股票，才不會偷雞不著蝕把米。

要件❷ 股利穩定

公司一定要發放穩定的股利，在股市行情不好時，才可以拿股利還貸款，減輕壓力。

要件❸ 股利足夠支付利息

最後還要計算一下，買進第一金後，每年預計可以領到的股

第一金（2892）近年股利政策				單位：元
股利發年度	現金股利	股票股利	合計	EPS	平均股價
2006	1.25	0.25	1.5	2.43	23.5
2007	1	0.2	1.2	1.79	23.5
2008	1.7	0.12	1.82	2.06	25.7
2009	0.5	0.25	0.75	1.2	18.3
2010	0.5	0.25	0.75	0.44	19.1
2011	0.3	0.6	0.9	1.09	22.7
2012	0.4	0.6	1	1.08	17.6
2013	0.45	0.65	1.1	1.25	18
2014	0.5	0.7	1.2	1.26	18.5
2015	0.7	0.65	1.35	1.52	17.4
平均值	0.73	0.43	1.16	1.41	20.43

利是多少，有了股利才可以還貸款。當時我統計最近 10 年第一金的獲利和股利，做為我評估的標準。

從上表可以看出，第一金的獲利十分穩健，就算是 2008 ～ 2009 年金融海嘯期間，一樣有獲利和配發股利，符合本金安全、股利穩定的標準。我用 10 年平均的 0.73 元現金股利及 0.427 元股票股利來計算，貸款 80 萬元可以買進 40 張第一金股票（當時股價為 19 元），每年可以領到 29,200 元現金及 1.708 張股票，明顯大過每年 7,778 元的利息。

經過上面 3 個要件的評估，我決定借 80 萬元，加上自有資

金買進 50 張第一金，來參與除權息和現金增資，進行長期投資。不過提醒大家一下，銀行的利率是會變動的，貸款期間又長達 7 年，一定要把升息的風險考量進去。

［ 除權息與現增有何不同？ ］

第一金在2015年將除權息及現增綁在同一天（7月31日），參加除權息的股東才能參與現金增資，兩者有何不同之處？

除權息

在7月30日（含）之前買進或持有股票的人，在7月31日會被強迫參加除權息，不想參加除權息的人，只能在7月30日（含）前賣光股票。

繳費

除權息是公司發放現金股利和免費股票給你，參加現增則是你繳錢給公司，股東會拿到認股繳款單，一定要在期限內繳費，否則視同放棄。

股本與獲利

發放股票股利及現增，都會增加公司股本，相對的就會稀釋公司的獲利（EPS），當然也會影響到股價。所以，不要只關心除權可以配多少股票、現增可以認購多少股票？最重要的還是，公司獲利可以成長多少。

對股價影響

除權當天，股價以除權參考價開出。例如A公司除權息前一天股價是24元，配發2元現金加上1元股票，除權息當天開盤參考價＝（24－2）元÷（1＋0.1）股＝20元，會比前一天的24元還低；現增對股價則完全沒有影響。

現金增資

在7月30日（含）之前買進或持有股票者，即具備購買現金增資股的權利。

不一定同天

第一金在2015年將除權息及現增綁在同一天是特例，多數公司不會在同一天舉辦。

　　我特地請銀行幫我計算，萬一將來利息升到 3.88%，每個月的繳款金額變成 10,891 元，7 年下來總繳費 91 萬 4,844 元，利息為 11.48 萬元，跟貸款的 80 萬元相比已經不少了。因此，只要利率超過 3%，我就不會去借錢買股票。

$ 好公司現增 價差誘人再繳款

　　現金增資期間通常會有 2 波賣壓，可能會導致股價下挫，但這也不一定是壞事，經過仔細評估後，還是可以抓住逢低買進的賺錢機會。

第❶波：賣老股買新股

　　2015 年第一金的現增案，不少投資人以及第一金員工，一次可以認購幾十張股票，需要不少資金。當時第一金的股價是 17 元，認購價則是 14.7 元，存在 2.3 元的價差，1 張股票就可以賺進 2,300 元。假設投資人可以認購 20 張，就需要繳款 29.4 萬元，而且繳款期間只有 1 個月（每家公司不一定相同），資金上一定會有壓力。

　　如果先賣出 20 張 17 元的股票，再去認購 20 張 14.7 元的

現增股票,雖然總持股張數沒有增加,但是會賺到 4.6 萬元的價差。通常,因為資金需求以及賺價差這 2 個因素,會出現股東賣老股買新股的賣壓,導致股價在股款繳納期間持續下跌,第一金的股價就從 17 元一路下滑,最低跌到 14.9 元,勉強大於 14.7 元的現增價。

第❷波:新股出籠

投資人參與現增,不見得全部都是要長期投資,因此在現增股上市後,往往會有獲利了結(或認賠殺出)的賣壓。2015年 8 月 17 日潤泰新(9945)的 20 萬張現增股出籠,持續一週的龐大賣壓將股價殺到 8 月 25 日的 29.9 元。但是也有許多投資人,緊緊抓住現增後股價下挫的機會,持續低接便宜的股票,同年 10 月 6 日潤泰新股價回到 37.5 元,短短 1 個半月,漲幅就達 25%。

只要你已經持有公司的股票,當公司辦理現增時,就擁有參加的權利。那麼,要不要去認購現增股呢?對於財務不佳的公司,當然不能去認購現增股;如果是好公司,要不要認購?答案是:看價差,划算再認購。

再以 2015 年 7 月,潤泰新的現增案來舉例,當時每股認購

價格 38.8 元，以我原先持有的股票張數計算，我可以認購 10
張，但是當時股價只有 40 元，1 股的利差僅 1.2 元，10 張利
差才 1.2 萬元，但是我需要投入 38.8 萬元資金，誘因明顯不
高，於是決定放棄認購。

　在潤泰新股票的現增繳款期間，因為賣老股買新股的賣壓，
股價持續往 38.8 元靠攏，不僅無利可圖，還要擔心會跌破現
增價。繳款期限結束後，不巧遇上台股大盤持續重挫，加上
現增股出籠的賣壓，潤泰新股價持續往下探底，最後跌破 30
元。我在 30 元附近買了 10 張潤泰新，每股省下 8 元，10 張
就省下 8 萬元，等於又多了 2.6 張股票。

　所以，認購現增股票不一定穩賺，如果價差不多且有可能跌
破現增價，就要放棄認購，事後說不定可以用更低價在市場上
買回來。但是，如果價差可口而且公司體質不錯的話，我就一
定會去認購，賺到價差後又可以多買幾張。

⑤ 花大錢賺小價差 不划算

　前面說到的現增案，都是以手上已經有該公司的股票為例

子。如果是空手的投資人，要如何參加現增呢？以下用兆豐金
2015 年 10 月的現增案來說明，請先注意下列公告內容：

● **每仟股認購新股 81.18607882 股（以下省略為 81.18 股）：**
意思是，如果你已經持有 1 張股票，就可以認購 81.18 股。

● **最後過戶日 104 年 11 月 3 日：**一定要在 2 個交易日前買進
股票（即 2015 年 10 月 30 日），才具備參加現增的資格。

● **現增定價為每股 21.01 元：**買進現增股的價格。

2015 年 10 月 19 日兆豐金的現增案公告後，我在部落格分
享我的評估，並表明我不會參加現增案。理由很簡單，每張
股票可以認購新股 81.18 股，認購價是 21.01 元，以 2015 年
10 月 19 日收盤價 23.1 元來看，1 股有 2.1 元的價差，看起
來不錯，但是不忘記 1 張只可以認購 81.18 股。

由於當時我沒有兆豐金的股票，必須要在 2015 年 10 月 30
日之前先買進兆豐金的股票，才有權利參加現增。只是，花
了 2.3 萬元買進 1 張兆豐金，才能夠認購 81.18 股，價差也
才 2.1 元 ×81.18 股＝ 170.5 元，最少要買進 100 張，才可
以賺得 1.7 萬元的現增價差，但是要先花 230 萬元買進 100
張兆豐金，請問大家覺得划算嗎？

　　我當時就放棄參加兆豐金的現增，運氣很好的，在 2016 年初兆豐金的股價跌到 19 元附近，反而買到更便宜的股票。

$ 預估股價 判斷是否參與現增

　　前面說到，股票除權（發配股票股利）跟現金增資，都會導致股本膨脹、EPS 下滑，相對的股價也有可能往下！第一金在 2015 年同時辦理除權跟現增，對股本來說就是雙重膨脹，所以我就很關心 EPS 是否會被雙重稀釋。理論上，公司配發股票股利跟現金增資，都是要「拿錢去賺更多的錢」，只是賺錢的速度沒那麼快，股本膨脹卻是立即的，因此 2015 年第一金的 EPS 肯定會被稀釋。

　　由於第一金的現增在 8 月舉辦，當時我只能用 2015 上半年 0.88 元的 EPS 來預估，比照 2014 年上半年的 0.89 元，算是持平；2014 年第一金全年的 EPS 是 1.52 元，因此我預估 2015 年的 EPS 也是 1.52 元。儘管當時投信預估第一金的獲利會成長，但是我習慣保守一點，不想太過樂觀而造成誤判，要提醒的是，只有獲利穩定的公司才可以這樣預估。預

第一金2015年現增及除權後股本				
除權前股本	股數	除權後股數	現增後股數	現增後股本
925.93億元	92.593億股	98.61億股	114.61億股	1146.12億元

估前首先要算出公司的股本，也就是有多少股。

- **除權前股本**：925.93 億元，1 股的面額是 10 元，所以總股數是 92.593 億股。

- **除權後股數**：2015 年第一金配發 0.65 元股票股利，因此總股數變成 92.593×（1 + 0.065）= 98.61 億股。

- **現增後股數**：辦理 16 億股現增，總股數變成 98.61 + 16 = 114.61 億股。

- **股本膨脹倍數**：114.61÷92.593 = 1.24 倍。

- **EPS 預估**：由於股本膨脹 1.24 倍，預估 EPS 會被稀釋成 1.52 元 ÷1.24 = 1.23 元。

其次計算除權和現增後的合理股價是多少？首先參考 2014 年的平均股價及 EPS，計算出本益比後再來預估。

第一金預估本益比				單位：元
2014年			2015年	
EPS	平均股價	本益比	預估EPS	預估股價
1.52	18.5	12.17	1.23	14.97

- **2014年本益比**＝平均股價÷EPS＝18.5÷1.52＝12.17倍。

- **預估股價**＝預估 EPS× 本益比＝ 1.23×12.17 ＝ 14.97 元。

　　請注意，上面純粹是用 2014 及 2015 年的資料，來預估除權跟現增後的合理股價，這個數字有什麼用途呢？它可以計算除權和現增後的股價是否過高。2015 年 7 月 30 日第一金除權（同時現增），當天的收盤價是 17 元，高過我上面計算而得的 14.97 元，可以視為股價偏高，因此可以考慮先賣出股票，等股價下跌後買回賺取價差。

　　事實上，第一金除權後，股價從 17 元一直下跌，最後在 2015 年 8 月 24 日跌到 14.9 元，非常接近我計算出來的 14.97 元。第一金在除權和現增前的股價多在 19 元以上，要不要參加除權和現增，許多投資人很掙扎，如果事先計算出 14.97 元的合理股價，應該就不會在除權和現增前買進，事後買進賺更多。可惜我當時沒研究出這個算法，少賺不少錢。

會產生這個價差的主要原因，還是我一開始講的，除權和現增會馬上膨脹股本、稀釋 EPS，但是除權和現增用錢賺更多錢的效益，卻只能在往後慢慢浮現。因為存在這個時間差，就有賺價差的機會。

⑤ 增資認股 也能降低持股成本

我向銀行借貸 80 萬元買進第一金，目的就是為了賺錢，所以必須事先預估一下未來可能的獲利，總不能「偷雞不著蝕把米」吧！

投資股票，影響股價起起落落的因素很多，也很難預測，所以我最關心的就是「張數」和「平均成本」。張數越多，將來領到的股利就越多；平均成本越低，就越不容易賠錢。我在 2015 年，以下列的方式，借錢買進第一金。

除權息前買進

2015 年 7 月買進 50 張第一金，股價 19 元，總成本 95 萬元。

配發現金

現金股利 0.7 元，50 張可以獲得 $50 \times 1000 \times 0.7 = 35,000$ 元。

配發股票

股票股利 0.65 元，50 張可以獲得（0.65 元 ×1000 股 ÷ 面額 10 元）×50 張＝ 3250 股＝ 3.25 張，這是免費獲得。

現金再買回

3.5 萬元現金股利在 8 月 20 日發放，當天收盤價是 15.6 元，可以買回 2.24 張第一金，一樣可以算是免費。

除權息後張數

50 ＋ 3.25 ＋ 2.24 ＝ 55.49，不用花錢就多了 5.49 張，增加了 11%，這也就是我一直講的：好股票自己會繁殖。

現增認購股數

持有 1 張第一金可以買回 129.6 股，因此可買回 50 張 ×129.6 股＝ 6480 股＝ 6.48 張。

現金增資成本

認購金額每股 14.7 元，總成本 6480 股 ×14.7 元 ＝ 95,256 元，這個要自己額外花錢。後來我用聯詠（3034）給我的股利去繳款，也可以算是免費吧？

綜合上述，我付出的總成本為 95 萬（買 50 張第一金）＋ 95,256（現增買股）＝ 104 萬 5,256 元，除權息加增資後共持

[現金增資 vs 股東權益報酬率]

由於我在2012及2013年，連續2年參加中信金的現增案，有一家平面媒體來訪問我，問我對於現增及股東權益報酬率（ROE）的看法。我在本章前面提到，關於現增的計算都是採用EPS，不過，EPS只能夠告訴你公司賺了多少，ROE才能告訴你公司賺錢的效率是多少（見第5章）。

再來談一下現金增資對於ROE的影響，因為現金增資會增加公司的總資產，所以會稀釋ROE，除非現增後公司的稅後淨利可以成長，不然ROE一定會下滑。

由下表可見，中信金在2012及2013年辦完現增後，2013～2015年ROE均較2011年以前提升，表示賺錢的效率變好了，而且2013年起稅後淨利也開始成長，EPS跟著提升，這可以解讀為：公司確實有把現增來的錢「花在刀口上」，創造出更大的利潤。

中信金2010～2014營運績效表

年度	ROE （%）	稅後淨利 （億元）	EPS （元）
2010	9.1	141	1.32
2011	11	183	1.61
2012	12.4	212	1.65
2013	11.8	215	1.5
2014	18.7	394	2.58
2015	14	354	2.1

有 55.49 + 6.48 = 61.97 張第一金股票,平均每張成本 1.687 萬元,也就是 1 股 16.87 元,低於一開始我買進的 19 元。

從這裡我們不難發現,現金股利再買回、參加除權、現金增資(要有價差)都可以降低你持股的成本。

$ 發機會財 加快存股速度

2015 年 9 月 4 日的報紙頭版,刊登了日月光(2311)公開收購矽品(2325)的大幅廣告,我花了一個上午研究這個併購案,發現有利可圖,當天矽品股價在 41 元附近徘徊,如果將來能順利用 1 股 45 元的價格賣給日月光,大約有 10% 的利潤。

但是當時我口袋沒錢,就把念頭動到增資、除息後共持有的 61.97 張第一金股票,我評估日月光的矽品收購案在 9 月底就會結束,短短不到 1 個月,第一金的股價不大容易上漲 10%,如果將部分第一金賣掉,把資金拿去買矽品再賣給日月光,賺到 10% 利潤後再買回第一金,可以累積更多第一金股票。

心動不如馬上行動，我在 15.6 元的價位賣掉 50 張第一金，
接著在 41 元買進 20 張矽品，最後日月光以 0.68 的比例收購
矽品股權，也就是我有 13.6 張可以賣給日月光，剩下的 6.4
張矽品我在小賠時出清，總共賺進 5 萬元的價差。

　　然後我在 15.05 元的價位，買回原先賣出的 50 張第一金，
持股回到原有的 61.97 張，由於當初賣在 15.6 元，1 股又賺
進 0.48 元價差（扣掉手續費、證交稅），50 張就賺進 2.4 萬
元，加上矽品的 5 萬元價差，讓我多買進 4.92 張，因此總張
數累積為 66.89 張，平均成本也下降為 15.63 元。

　　我只是一個凡人，沒有辦法預測股價的最低點，不然我也不
會在 19 元時買進第一金；但是，我可以運用各種投資技巧，
拼命增加持股的張數，並降低持股成本。

　　2015 年 7 月，我買進 50 張第一金，最後變成了 66.89
張，但是要繳 7 年的貸款，7 年後會變成多少張呢？來預估一
下吧，計算條件是：每年都參加除權息，現金股利持續買回。
至於往後幾年會配發多少股利？未來的股價又是多少？目前
很難預估，所以我採用過去 10 年的平均值，也就是 0.73 元
的現金加上 0.427 元的股票，平均股價則是 20.43 元。但是

第一金投資7年後預估				
年度	現金股利		股票股利	
	配發現金（元）	買回張數	配發張數	除權息後張數
2016	48,830	2.38	2.86	72.12
2017	52,650	2.56	3.08	77.77
2018	56,770	2.76	3.32	83.85
2019	61,211	2.98	3.58	90.41
2020	66,000	3.21	3.86	97.49
2021	71,164	3.46	4.16	105.11
2022	76,732	3.74	4.49	113.34

說明：原始張數 66.89 張。

我無法預測往後會不會有現增，所以先排除。

靠著股票自己去繁殖，在 7 年後繳清貸款時，我會得到 113.34 張的第一金股票，如果一樣用 20.43 元的均價來計算，總價值高達 231.6 萬元。扣掉買進 50 張及增資認股的 104.5 萬元成本後，等於淨賺了 127.1 萬元，就算保守一點打 6 折，也賺了 76.3 萬元。

所以我只要認真繳 7 年貸款，就當作是強迫儲蓄，7 年後我會有 113.34 張的第一金，1 年可領到 76,650 元現金股利，加上 4.49 張股票，總價值超過 16 萬元。公家銀行的第一金

不可能倒閉，可以長長久久、持續不斷地幫我生股子股孫。

看起來我借款 80 萬元來買股票，贏的機率很高，投資股票不可能計算到 100% 贏，只要贏的機率比較高，我就會去賭一下，特別是第一金這種不會倒閉、獲利穩定、股利穩定的公家銀行。

上面這個例子是我正在進行的一筆投資，寫在這裡跟大家分享的目的，是要說明如何靠零成本（借貸）、做價差及複利（股票自我繁殖）的方法，「無中生有」來累積自己的資產。最後再一次提醒讀者，借錢一定要考量自己的還款能力，以及未來利率的變化，絕對不可以太樂觀。

想要做好投資理財，「習慣」真的很重要。其實借貸 80 萬元來投資股票，對我目前的股票資產來說，幾乎是可有可無，微不足道。只是我已經養成投資的習慣，只要是有賺錢的機會，不管是多小的投資，我依然會全力以赴，這個就是習慣的威力了。

人是習慣的動物，一定要養成投資的習慣，請你一定要牢記這一句話。

不敗教主存股心法進階版
每年多存300張股票

作者：陳重銘

出版部總編輯：賴盟政
副總編輯兼責任主編：李文瑜
美術設計：郭志龍、張瀅渝

董事長：李岳能
總經理：邱正弘
社長兼總編輯長：李美虹

發行：金尉股份有限公司
地址：新北市板橋區文化路一段 268 號 20 樓之 2
電話：02-2258-5388
傳真：02-2258-5366
讀者信箱：service@berich.net.tw
網址：www.moneynet.com.tw

印刷：科樂印刷事業股份有限公司
總經銷：聯合發行股份有限公司

初版 1 刷：2016年7月
二版 1 刷：2017年4月
二版25刷：2018年7月

定價：320元

國家圖書館出版品預行編目（CIP）資料

不敗教主存股心法進階版：
每年多存300張股票 / 陳重銘著
初版 . - 新北市：金尉，2017.04
316面；17×23公分
ISBN 978-986-94047-3-0（平裝）

1. 股票投資 2. 投資技術 3. 投資分析

563.53　　　　　　　106002568

Money錢

Money錢